華志文化

華志文化

現在就是天堂

人生的行李越簡單　越輕盈　是最大的幸福

華志文化

作者序

最近幾年，台灣社會瀰漫著一股對「小確幸」的迷戀，對於生活中微小而確切的幸福感到非常的著迷（我在本書〈人間好時節〉的章節裡有詳細的討論），不過也有很多有志之士非常的憂心，認為這樣消極的人生態度會斲傷台灣的競爭力，甚至有人認為，大幸福的首要敵人就是小確幸，是一種逃避現實追求不到大幸福時的自我感覺良好。

聽來聽去還真是矛盾啊！到底哪一個才對呢？現在、過去、未來哪一個比較重要呢？生命的重心應該 focus 在眼前的小確幸還是未來的大幸福呢？

其實如果化繁為簡的來看：因為昨天的結束，才讓我們來到了今天，並真切的感受到此刻的存在，更因為有著明天的未知，才讓我們的今天充滿著前進的動力與期待，於是生命就在一天一天一天的累積下變得更加豐富。

所以重點在於，昨天一定是回不去了，明天也不一定會來，所以只有此時此刻才是最真實的存在；如果確切的此刻我們無法用心感受，那麼等到那個偉大幸福來到的時刻，我們真的可以有福消受那樣的幸福嗎？

就朝著明天而去，但徹底地活在現在吧！也就是眼前的每一刻風景，不管是晴是雨、是悲是喜，都該放寬心的好好欣賞，並細膩地觀察且接受著過程裡遭遇的一切，那麼我想這應該就是所謂的快樂天堂吧！

所以在這本書當中，我提出了簡單、自在、廣闊、深刻、緩慢、靜謐這十二個關鍵字，就讓我們一起從這六個生活態度開始做起吧：

從簡單的意念出發，

用最自在的心情來面對，

開拓最廣闊的視野，

用最深刻的靈魂來感觸，

然後緩慢穩健的邁開步伐，

這樣就能在靜謐的思緒裡品嚐出，現在就是天堂（Heaven is now）的真實仙境！

導讀

本書共分六章，分述簡單、自在、廣闊、深刻、緩慢、靜謐——使現在成為天堂的十二個關鍵字，與讀者分享六個滋養心靈的重要生活態度，在累積、享受每一天的「小確幸」的同時，也能一步步規劃未來大幸福的藍圖。

PART 1：活得簡單

——從簡單裡出發，然後再回到簡單

雞蛋布丁裡沒有雞蛋，
波菜麵裡沒有波菜，
花生油裡沒有花生，
Q彈的粄條麵食原來是加了工業澱粉，
標榜天然發酵的麵包原來是摻入香精的傑作，

也難怪今年最具代表性的字就是「假」！
而且「假」了這麼多，「假」了這麼久，
真的好諷刺啊！但為什麼呢？
因為一切的一切都是它們真的太複雜了，
幾十道的加工手續，
色香味俱全的成品，
距離食材原本的樣貌卻已經是十萬八千哩了。
正是因為太複雜了，
所以就很難「真」，
越是簡單的東西，就越難做「假」！

為什麼返老會還童呢？
為什麼年老的長輩會跟小孩的脾氣很像呢？
大概因為這是生命的輪迴吧！
原來我們都是從簡單開始一路走到了現在，

但可能是已經走得太遠，然後就漸漸地忘記了來時路的感覺是什麼，
一步步的被華麗的物質世界給包圍、淹沒了，
滲入心底、直通腦幹！
於是，豪宅、名車、包包、名錶、信用卡、高爾夫球證、iphone……
很尊榮、很驕傲、很奢華，
一樣也不能少，而且越多越好！

其實，長大就是一個從簡單變成複雜的過程，
只不過失去簡單的生活只會讓我們越過越茫、越陷越深……
但是又很難自拔，還真是矛盾啊！
怎麼辦呢？其實也沒有那麼難啦！
那就是盡量去回憶自己是怎麼從孩子轉變成大人的，
想起多少算多少，
我想這樣應該會讓自己回復到自我的「初心」，
然後越來越快樂吧！

PART 2：過得自在
——真實地跟自己獨處

擔憂今年比去年老，
擔心身上的行頭不如別人，
擔心名片上的頭銜不夠大，
後悔曾經錯過的，
擔心現在擁有的會失去，
害怕未來將會遇到的無常，
所以自在啊，真的離我們好遠好遠！

西裝、領帶、高跟鞋、盛裝打扮、名牌、紅地毯，
好漂亮、好英俊、好光彩、好虛榮，
吃著、喝著、笑著、聊著，
雖然言不及義但必須賣力演出，

等到曲終人散燈光熄滅後，真的覺得好累好累！
然而，再怎麼華麗還是得回家，
總不可能穿著高跟鞋洗澡，打著領帶睡覺吧！
慶幸還能有這樣的時刻，可以好好的看看自己，
完全的拋開拘束、解除羈絆、掙脫枷鎖，
赤裸裸的，沒有別人，就只有自己！

一旦穿上衣服後，我們又得很在意別人眼裡的自己，
這也是沒辦法的事，
我們總不能離群索居吧！
所以我們能做的就是，
別輕易忘記自己赤裸裸的樣子，
從身體到心裡，
盡量的留一點空間做自己，
不要拚命地想變成別人，

因為每個人都是獨一無二的，
就算變成了那個人之後其實也很難快樂！
脫掉、卸下、真實、輕鬆、簡單，我想這樣就很自在吧！

✎PART 3：看得廣闊
——鳥瞰自己，眺望遠方

城市裡，
一堆汽車擠在空間有限的馬路上，
吸著彼此的廢氣無奈的等著綠燈快來；
一堆人擠在一列列的捷運車廂裡，頭碰著頭肩並著肩，
在窒息的邊緣從黑暗的地底呼嘯前進著；
一堆大樓並立在道路的兩旁，
而且一棟比一棟高，
偶然抬頭仰望天空才發現，
原來久違的天空好像越變越小，星星也越來越少，月亮竟越來越髒，

好擔心會不會有一天，天空就這麼不見了！

也許真的是太擠了，
擠到只看的到眼前，
所以變得心浮氣躁、錙銖必較，
有時候還真是討厭這樣的自己，
所以好想變成一隻鳥的可以那樣展翅飛翔，
從高高的空中鳥瞰自己，眺望遠方！
嗯，誰說不行呢？
我們雖然沒有翅膀不能飛，
可是心卻可以騰空翱翔，
心的意志可以帶我們登上高處的俯視自己，
不管是天台、屋頂、山巔、堤頂、海濱……
只要是能夠一覽無遺的看向遠方就好，
於是就會發現，

當我們目光如豆的時候，
芝麻小事都會變得野火成災，
但當我們目光如炬的時候，
似乎再大的事其實不過只是如此而已嘛，
沒什麼大不了的！
因為眼界寬了，心就跟著寬，
所謂的心曠神怡大概就是這個意思吧！
可以打開心眼的眺望遠方，真好！

PART 4：品味深刻
——願意用心，它就存在

究竟是在排什麼呢？
聽說還有人昨天晚上就來打地鋪了！
於是好奇的問了隊伍裡的人群，
有人回答，嗯……反正就是限量的東西，不排就買不到了，那麼多人都在排，肯定是超夯、超棒的東西，沒排到就太遜了！
另一頭有些商人躲在暗處竊笑交談著，
你看吧！「飢餓行銷」超有效的，
大家根本明明就不餓，
可是硬要告訴自己很餓，
然後跟不餓的人說，
你們不餓很遜欸，所以只好不餓裝飢渴！

這樣的場景我們應該不會陌生，
排隊、搶購、從眾的淺碟式行為，
看到表面，嗅到氣味，然後就一窩蜂的跟上去，
但總是撐不了多久新鮮感就過了，接著就一哄而散。
因為這一刻只是上一刻的後來，
製造出一大堆膚淺的表面張力，
就像把包裝紙當成禮物一樣，

沒有靈魂，當然撕開後就是丟掉！
於是我們習慣膚淺，害怕深刻，
因為那樣比較簡單不麻煩，
不需要發自內心的真摯，
只要跟著別人盲從就好了，
然後就在沒有方向裡繼續尋求下一個短暫的張力。

但其實深刻的東西說起來很簡單，
感恩、反省、謙卑、笑靨、誠摯的關懷、溫暖的眼神、
衷心的祈禱、慈眉善目的笑顏、
一篇可以反覆咀嚼的文章、
一首可以一聽再聽的歌、一幅百看不厭的畫，
這些不會限量、不必排隊且免抽號碼牌的人、事、物，
只要我們願意看見、願意用心，
它就永遠存在！

PART 5：處得緩慢

——舒緩的洗滌

衛星定位、光纖飆網、4G網路、SNG即時連線等等
傳播科技的日新月異，
讓資訊的傳遞與接收變得沒有距離的完全零時差。
飛機、高鐵、高速公路與捷運等等的交通建設，
大大地縮短了我們原本耗時的行旅通勤時間，
讓整個地球，點與點之間的距離縮小了起來！
於是我們每天在無數個不同的目的地之間匆忙的移動著，
急促焦躁、不容耽擱！

在工作上，在行動裡，
我們必須保持最佳的效率才能不被淘汰，
才能在激烈的競爭中脫穎而出！

但是，在工作之外呢？我們的生活呢？我們的心靈呢？
有沒有想過是不是一定要追得這麼急，走得這麼快呢？
還是，我們只是不想在別人的後面而已，
別人有的，我們就一定要有，
別人走在我們前面，那就非得超過去不可，
沒有為什麼，只是不喜歡輸的感覺罷了！
所以盲目追趕成了人生的終極目標，
但卻不明白到底在急什麼呢？
其實生命的目的並不在盡頭，而是在過程，
這雖是老生常談，
但只要我們無法放慢腳步的靜心思考，就不相信。

想想看，如果我們要從台北都心流浪到淡水，
坐捷運一定最省時間，
但可不可能換個方式騎著單車享受著河濱的微風輕拂，

雖然多花了很多時間，
但何嘗不是一種沉澱的緩慢呢？
假如要開車從台北去高雄，
上高速公路一路狂飆當然最快，
但沿著省道漫遊在鄉間小徑間，
又何嘗不是另一種舒緩的洗滌呢？
慢下來吧！盡量的騰出一點時間好好呼吸吧！
然後緩緩的一筆一筆的刻畫出屬於自己的生命素描！

PART 6：悟到靜謐
——溫柔的聆聽

好吵、真的是吵死人了，
車聲、人聲、喇叭聲、施工聲、電視聲、叫罵聲、鍵盤聲……
聲聲刺耳，
吵到讓人覺得心慌意亂，

不過，幸好外在的嘈雜總是有辦法緩解的，
就戴耳塞、戴隨身聽把音樂開到最大吧！
不然就忍忍吧！吵久了總會疲累停下來的，
抑或是就出逃一下吧！
總是可以找到個角落稍稍的安歇一下吧！

可是，內心的煩擾呢？
一個人的時候，吃飯、走路、坐電梯、等車、搭車…
你，靜得下來嗎？
還是非得趕快滑手機、玩遊戲、看臉書、回覆Line的來打發時間呢？
而且一旦盯上了，似乎就很難停下來，
可是會不會越是打發時間卻覺得更加空虛，越是靜不下來，
所以只好繼續滑、繼續看，
周而復始，永無止境！

試著看看能不能吃飯的時候就只是吃飯，
走路的時候就只是走路，
坐車的時候就只是坐車，
就靜下來的只做這件事，
靜靜地、緩緩地感受四周的變換，
溫柔的聆聽自己，
或是發楞一下都好，
也許，這樣的靜謐就會踏實的回來跟我們相會了！

Heaven Is Now
現在就是天堂

目錄

PART 2 過得自在——真實地跟自己獨處

PART 3 看得廣闊——鳥瞰自己，眺望遠方

PART 4 品味深刻——願意用心，它就存在

PART 5 處得緩慢——舒緩的洗滌

PART 6 悟到靜謐——溫柔的聆聽

PART1 活得簡單

從簡單裡出發，然後再回到簡單

在我們生活裡的奇蹟應該是……

To See 我們能看見世界上美好的事物，
To Hear 我們可以聽的到蟲鳴鳥叫和快樂的歌聲，
To Touch 我們能觸摸新奇有趣的東西，
To Taste 我們能品嚐美味的食物，
To Feel 我們可以感覺到親友的關懷，
To Laugh 我們可以隨心所欲地大笑，
To Love 我們能愛人與被愛。

1. 平凡是最偉大的幸福

汲汲營營的想過不平凡的人生，不如用心學習享受每一刻平凡所帶來的美麗感動！

如果只能二選一，「平凡」與「不平凡」這兩個選項，你會選哪一個呢？

我想，如果是在年紀很小、很年輕的時候，我一定是毫不猶豫的選擇「不平凡」。

回想我們小的時候，大人問我們將來想做什麼？答案似乎都會是總統、科學家、將軍、大老闆……反正就是要當很偉大的人！

而小學到高中的這段時期，會被學校列為優良刊物的書，偉人傳記是一定不會缺席的，林肯、松下幸之助、馬克吐溫、托爾斯泰、拿破崙、蘇格拉底……

隨著年齡更大一些，很可能會更貼近世俗現實的讀一些像是王永慶、郭台銘、賈伯斯、比爾蓋茲……這類企業鉅子的奮鬥故事，不外乎就是希望了解偉人奮鬥的過程，藉由改正自己的缺失，好讓自己的人生能夠不平凡些！

這是一個發生在國外學校裡的故事！老師在課堂間出了一道題目，要同學們列出心目中認為世界上最偉大的奇蹟。收卷時老師做了一個歸類，大部分的同學寫的答案最多的七個分別是：埃及的金字塔、印度的泰姬陵、美國的大峽谷、巴拿馬運河、美國的帝國大廈、羅馬的聖彼得大教堂、中國的萬里長城……

當大部分的同學都交卷的時候，其中有一個小女生遲遲無法寫完。於是老師就問她說有什麼問題可以一起討論給看看……

於是這個小女孩說：「是的，老師！我有個小小的問題：我腦海裡有好多世界上發生的奇蹟，但是，我卻沒有辦法決定該選哪一些才好……」

老師說：「沒關係，這並沒有一定的標準答案，要不要把你的想法說出來呢？」

小女生猶豫了一下，說：「我覺得，在我們生活裡的奇蹟應該是……

To See 我們能看見世界上美好的事物，
To Hear 我們可以聽的到蟲鳴鳥叫和快樂的歌聲，
To Touch 我們能觸摸新奇有趣的東西，
To Taste 我們能品嚐美味的食物，
To Feel 我們可以感覺到親友的關懷，
To Laugh 我們可以隨心所欲地大笑，
To Love 我們能愛人與被愛。

小女生說完後，整的教室突然間安靜了下來⋯老師與同學們似乎都沉思了起來⋯⋯

難道我的這一生就這樣了嗎？

就要這樣庸庸碌碌的過到生命的終點嗎？

其實我必須承認，在這個急功近利的社會裡，這樣的危機感是普遍存在的！主流的社會價值不斷的強調必須追求不凡的人生才算高人一等，才是不虛此生。於是我們拚命的想變成別人眼裡的成功人士而過著只圖結果的人生！

但問題是，什麼是不平凡呢？就像故事裡的小女孩所疑惑的一樣，也許，埃及的金字塔、中國的萬里長城、美國的大峽谷……等等都是令人讚嘆的偉大奇蹟，但卻是在遙不可及的彼端！

就算你幸運的擁有很多旅遊的機會，看遍了世界各地的偉大奇蹟，但仔細想想，這些不平凡的偉大在我們的生命裡所佔的時間其實是微乎其微的，而且旅遊畢竟就只是旅遊，並不可能代替真實的人生。

所以，隨著年齡的增長，我慢慢覺得，與其汲汲營營的追逐不凡的人生，還不如用心去學習享受每一刻平凡所帶來的美麗感動！這並不是隨波逐流漫無方向的放棄追求偉大非凡的目標，而是能夠懂得在時時刻刻的平凡裡感悟出真正屬於自己獨一無二的不凡與熱情！

著名的盲女作家海倫、凱勒曾說：「有眼睛卻看不見，或是有眼睛卻懶得看，這是很多人的通病。」

想想看，能夠傾聽、看見、觸摸、品嚐、感受關懷、開心大笑、能夠付出愛與接受愛，這些不必捨近求遠的平凡，一旦忽視它就不會存在，但只要我們願意，這些真實的不凡奇蹟就會成為生命中最偉大的幸福！

活得簡單：

李安因為「少年pi的奇幻漂流」，在二〇一三年再度勇奪奧斯卡最佳導演獎的殊榮。當得獎的名單揭曉，步上台前拿起小金人致詞的那一刻，對李安來說一定是人生裡最不平凡的時刻。

但在得獎之前，李安都做些什麼呢？

據報導這部「少年pi的奇幻漂流」從籌備、企劃、拍攝到後製，總共花了將近四年的時間，在這不算短的日子裡，每一天卻都平淡到不能再平淡！每個鏡頭、每一幕運鏡、特效、動畫，一點一滴，一分一秒的在平凡的每一刻裡用心的耕耘著，才能打造出如此精采的作品！

就像我們每個人所處的人生競賽裡，是不是能夠享有得獎那一刻的不凡，除了努力之外，真的是需要很多運氣與機緣的配合才能獲得！所以我一直覺得，活好每個平凡的此刻其實比什麼都重要，至於那個不平凡的瞬間，就隨順自然的交給天吧！

2. 「由下而上」的簡單

好萊塢電影多半是藉著優勢的行銷「由上而下」營造出非看不可的熱鬧氣氛，但雋永的小品電影則是從最純真最簡單的意境中讓我們回歸那個被隱藏卻最真實的自己，然後一傳十十傳百的「由下而上」迸發出驚人力量！

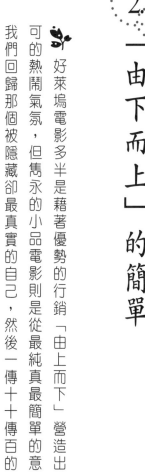

您喜歡哪一類型的電影呢？一般來說，女生比較喜歡文藝愛情片，男生則喜歡警匪動作片；內向的人可能偏好溫馨感人的劇情片，外向的人則偏好大場面的史詩電影；年輕的時候可能比較青睞大製作大卡斯的好萊塢電影，年紀漸長後慢慢的會喜歡輕鬆簡單的小品電影。

當然這樣的分類很多人一定會抗議說：亂講，才不是呢！沒錯，這就跟星座一樣，只能把它當作生活裡的樂趣參考而已啦，好玩就好！但喜歡什麼樣類型的電影或多或少可以反映一個人的性格。我有一個朋友她幾乎只看日劇，而且最重要的是看誰主演的，因為看到熟悉的演員就像見到認識的老朋友一樣，有種信任親切的安全感，所以就算劇情很瞎，製作普普也沒什麼關係。

另一個同事則是個電腦工程師，他直接了當的說到電影院就是要看大場面大製作的片子，最好是3D立體的就更過癮了，就算貴一點也沒關係。否則一些沒有視覺效果的電影到網路上下載或是過一陣子看電視播出就好了，何必花錢進電影院！我想跟他同樣想法的觀眾應該不在少數。

還有一個朋友他的range很大，只要是老婆、孩子或是朋友想看的他都可以配合，完全不挑片。他說看電影就是個休閒嘛，就跟上館子吃飯一樣，好不好吃要吃了才知道，就算看了覺得無聊那就閉目養神睡一下也不錯，因為在電影院睡覺也還滿舒服的，有點像是在火車上睡覺一樣，雖然不像睡在床上那樣舒服，但還是別有一番風味的！

我跟幾個學生時代的老朋友到現在還是會一起約去看電影，記得當時我們就是血氣方剛的男生，一定挑像是阿諾、席維斯史特龍的那種好萊塢的動作片！而這麼多年回想起來到現在都還津津樂道就是基努李維跟珊卓布拉克的成名作《捍衛戰警Speed》，其實劇情十分簡單，就是有一輛公車被放了一枚只要車速低於五十英哩就會爆炸的炸彈，於是一輛不能停下來的公車就等著主角英雄來解救！

像這類的電影就是劇情緊湊、大場面、大爆破，再加上英雄、美女的襯托，所以在學生時期的我們真的覺得超級好看，而且都快二十年了還時常看到電視的電影台在重播。當然打造這類以聲光特效場面掛帥的大片，好萊塢的能力絕對無人能及，再加上電腦繪圖、3D立體的技術日趨成熟，所以近年來這類強調像是變形金剛、阿凡達、金鋼狼等強調感官刺激的大片口味越做越重，當然觀眾也樂此不疲。

而我呢？最近這幾年卻慢慢的對這類重口味的片子變得有些意興闌珊。總覺得：**視覺震撼到了一定程度的臨界點後就會漸漸的鈍化了，於是越來越喜歡著重在刻劃小人物的心境、描述情境或是社會現象的小品電影！**

像是很多歐洲國家拍攝的電影，他們的製作成本不高，沒有大魚大肉式的場面堆砌，但劇本內容精緻出色。**劇作中富含的深刻的人文氣息可以觸動人心，拍攝品質也很精良，讓我們可以從簡單中得到貼觸心底的感動！**

雖然整個電影市場大部分被好萊塢商業片靠著撲天蓋地的行銷給佔領，但仍然三不五時會有成本不高的小品電影逆勢的打敗同時期的好萊塢大片，像是我們台灣的《那些年，我們一起追的女孩》、《海角七號》、法國的《逆轉人生》、多年前日本的《佐賀的超級阿嬤》、韓國的《有你真好》等。

其實這些能夠小兵立大功的片子都有個共通的特質，那就是從最純真最簡單的意境中讓我們回歸那個被隱藏起來，但卻又最真實的自己。我們不妨可以做個觀察，好萊塢電影多半是藉著強力優勢的行銷「由上而下」的營造出非看不可的熱鬧氣氛，但就算看了之後心底真的覺得其實也還好的話，那也只好自我安慰至少躬逢其盛了。但雋永的小品電影就不同了，因為多半沒有花太多錢打廣告，而是靠著發自內心想看的觀眾，而且看了之後也真的被感動的人「由下而上」的口碑相傳，然後藉著人際或是網路一傳十十傳百的發酵開來，過程裡沒有複雜算計的行銷手段，但卻擁有了從簡單中所迸發的驚人力量！

活得簡單：

台灣的國片在歷經了十多年的黑暗時代後，終於在二〇〇八年的「海角七號」後慢慢的復甦了起來，雖然稱不上全面的復興，但點的突破還是頗有成績的！而被討論最多的困境就是，我們市場小，資源少，資金的籌募也不容易，所以很難拍出高成本大製作的片子！

當然這篇文章並不是在談國片該怎麼復興，而是我覺得既然資金、市

場這類結構性的問題無法即刻解決，那就繞個路換轉個角度的來思考，就像前面所談的，

撇開複雜，回歸最簡單的真實，那麼這樣的軟實力也許能夠讓國片在困難惡劣的環境中，找到一條真正適合的路線與方向！

同樣的，我們人生的難題時常也是如此，很多時候可以試試看把複雜的問題化繁為簡，也許反而能夠在簡單中讓原本模糊的方向慢慢的清晰起來！

3. 買一送一眞的非拿不可嗎？

看到買一送一、第二件半價的折扣而抱著不拿白不拿的心態，而因此買了很多東西，這樣真的有賺到嗎？我們真的需要那麼多嗎？

新聞報導有不少民眾抱怨搭乘捷運或公車時，部分票卡和悠遊卡放在皮夾裡常會刷不過，常在上班急著進出時被卡住，但不論怎麼刷都刷不過，原本還以為是卡片毀損，結果追根究柢原來是太多張卡擺在同一個皮夾裡，彼此互相干擾而發生失效的情形。

其實悠遊卡在多年前設計的初衷是為了簡化捷運與公車的付費方式，讓電子化的票證系統逐步的取代投零錢、剪車票的付款型態，讓大眾運輸能更加便利。

不過近年來它的發展越來越多元，不但可以搭渡船、纜車、租腳踏車，還能夠到圖書館借書、還書，甚至可以當作信用卡來使用，可以說是相當便利。

但便利歸便利，現代人很多皮夾一打開動輒幾十張卡，什麼白金卡、貴賓卡、超級VIP會員卡、聯名卡等等，多到可以辦個展覽會呢！

不過這麼多的卡對我們帶來了多少實質上的便利呢？最實際的當然就是可以享受先消費、後付錢的待遇，其次就是在固定的商家享有折扣，有些停車不用錢、有些買機票還有機場接送、在機場報到時到專用的櫃檯check in等等……但我想會不會有很多人跟我有一樣的困惑？**其實真的有在刷的卡不過就一、二張，大部分的卡不過是放在那裡佔皮包的空間而已。**

有一次在盛夏時節到便利商店買冰消暑，看到一個大概是小學生的女孩拿了一個盒裝冰淇淋前去結帳，服務人員立刻好心的告知她說現在冰淇淋有買一送一的優惠喔，要不要再帶一件呢？沒想到小女孩說：「**現在我只吃的下一個，吃兩個太脹了，而且外面這麼熱等我拿回家大概都已經融化了，所以我只要一個就好了！**」

看著小女孩簡單純真，而且毫不後悔並開心離去的身影，不禁讓我思索起生活中被忽略的自在與簡單。沒錯，買一送一、消費滿多少就能享有某某優惠、第二件幾折等等的折扣，這些都是很常見的促銷手段，而且對消費者來說也實在很難抗拒，不拿豈不是太對不起自己了？

但是如果是在這個時間點用不到的、根本不需要的、吃不了那麼多的，但因為覺得不拿是損失而拿了，等到靜下來仔細想想的時候會不會覺得有時候反而是負擔，拿了這麼多折扣的東西真的有賺到嗎？我們真的需要那麼多嗎？

像這些年來便利商店最厲害的促銷手法就是永遠不會結束的集點活動，一個活動結束，另一個活動馬上接著開始，集不完點數，換不完的公仔，無形中很容易為了累積點數而多買了很多根本就用不到的東西，而那些曾經換來的公仔，如今來來去去的還有幾個是仍留在身邊，還是大部分的都到垃圾桶裡報到了呢？

當然我不否認爾偶的把這種蒐集累積當成一種生活的樂趣其實無可厚非，但有沒有在不知不覺裡失去了節制而陷入其中呢？

活得簡單：

作家愛琳、詹姆絲的作品《生活簡單就是享受Simplify Your Life》在美國暢銷了一百萬冊，她提出了所謂的〈新簡樸運動〉宣言：「大」不見得就好，「多」也不見得就是富有；唯有簡單自在，生活才真正是一種享受！

書中有個章節談到，必須檢討自己的購物習慣，不要為買而買，在買東西之前先問問自己，真的需要它嗎？這個東西可以用多久？如果沒有買真的不行嗎？

另外她還提到只留一張信用卡的概念，她說過去自己有九張信用卡，但後來發現很多卡刷的次數真是低之又低，因此最後選擇只留一張卡，因為她覺得多一張卡的麻煩遠超過帶來的價值！

當然，每個人的消費方式不盡相同，不見得哪一種就是最好的，但也許就像我遇到的那位小女孩一樣，就回歸到那個最簡單的快樂才是最真實的！

4. 清醒與糊塗

得意的時候糊塗，失意的時候清醒，這似乎是顛撲不破的鐵律。此時的謝依涵、葉少爺應該是相當清醒的，只可惜那個代價實在太大了。希望我們都能夠在代價最小的失意裡，去悟到最清醒的處世智慧。

看到一段文章覺得很有趣，它的標題是：人在什麼時候最清醒？什麼時候最糊塗？天災降臨後、東窗事發後、大禍臨頭後、重病纏身後、遭受重挫後、退休閒暇後，當這六種情形發生時，往往是人們最清醒的時候。

而當春風得意時、錢來容易時、得權專橫時、迷戀情愛時、想佔便宜時、老年癡呆時，那就會是我們最糊塗的時候。

留意社會新聞事件簿裡，發現到了一個微小但很值得深省的細節：酒駕鑄成大錯的葉少爺，以及因為貪婪而犯下謀財害命的咖啡館命案主嫌謝依涵，他們在看守所與入監服刑的時候，都不約而同的閱讀了獄方為他們準備的勵志書籍。

我在想，如果他們早早的讀了這些書，還會犯下這樣的大錯嗎？還是應該倒過來說，**因為當時他們都處於春風得意、錢來容易、想佔便宜的糊塗時刻，就算把書送到他們面前，要他們寫下心得感想，我想在那個時候應該不大可能有任何的心思，讀的下任何靜心警世的文字吧！**

然而就在東窗事發、大禍臨頭、遭受重挫後終於清醒了過來，在監獄裡終於有時間能夠好好讀完一本書，用心的思索自己究竟是在做什麼呢？像葉少還年紀輕輕，就算六年刑滿後出獄也還不到三十歲，很誠心希望他在清醒後的人生還能大有可為！

前一陣子影星成龍在美國宣傳新片接受專訪時說到，「有時我真想見到有些國家遭遇災難，好像是大海嘯、好像是大地震，在發生大災難時，你會見到地球上每個人都飛到那國家幫忙。」

當然這段「災難論」立刻引來批評，於是成龍再解釋說：「全世界也應該這樣，應該互相幫助。沒有海嘯、沒有地震，沒事可做，就會有政治問題！你打我、我打你，我不喜歡見到這種情況。」

我想成龍的本意不管是被斷章取義，或是好意受到扭曲，但回想起像是九二一地震、九一一恐怖攻擊、紐奧良卡崔娜颶風、八八風災、菲律賓海燕颱風等這類重大災難發生的時候，人們總能夠短暫的放下原本的衝突、拋開貪婪的面目，暫時的善良了起來……

說一個故事：

一名日本女大學生，因為與系上的教授發生了師生戀，無奈老師已經是個有家庭的男人，幾番的周折後確認他並不願意放棄家庭，女學生在萬念俱灰下動了輕生的念頭，她打算在自殺前見幾個好朋友最後一面，而那一天正巧是二〇一一年的三月十號。

隔天三月十一日是女學生打算輕生的日子，沒想到一早竟接到打工餐廳另一位同事的電話，希望能幫忙代個幾天班，因為該同事在宮城老家的母親突然生病需要人照料。女學生原本想拒絕的，但在對方的懇求下她還是答應了，心想就當是在死前做的最後一件好事吧！

接著來的情形大家可以預料的，就在下午的兩點四十六分，一陣天搖地動後，她看著新聞不斷的播放著海嘯吞噬道路、毀滅房子、奪走生命的畫面，一時間竟然止不住悲傷的掩面哭了起來，她想著這幾天來的自己到底在做什麼呢？現在的自己到底是該慶幸還是該難過呢？

女學生覺得自己像是在死亡前迂迴的走了一遭，而此刻她竟然迴光返照的有著活下去的強烈意志，於是先跟父母與好友確認彼此的平安，但那位請她代班的同事卻怎麼也連絡不上……而媒體上仍舊不斷的播放著災區滿目瘡痍的景象，於是她決定報名參加送愛心到災區的志工服務隊。

就在擔任志工盡己所能的貢獻心力的同時，看著那麼多的死亡、無助與茫然，

她感覺到整個人完全的清醒了起來，反省著地震前自己的煩惱實在是有夠渺小的，竟然為了這點小事就想鬧自殺，於是她決定把這麼劇烈的心情轉折埋藏在心中，好好的、堅強的過以後的人生！

活得簡單：

很不希望像成龍說的那樣，非得要等到遭受海嘯、遇到地震人類才願意互相幫助，才懂得區分出「需要」與「想要」的不同，「簡單」與「貪婪」的分別。但無奈的是，人似乎很健忘，所以總是在新聞熱度褪去後，一切又原形畢露了！

而故事裡的日本女孩，在當局者迷的情傷裡竟想結束自己，卻在命運的錯置下活了下來。於是當這麼大的災難降臨眼前的時候，反而讓她醍醐灌頂的醒了過來，重拾了對生命的熱愛與初衷。

也許在死亡的面前，一切反而變得清晰而簡單了起來！但願我們人類可以在沒有災難的情形下就能夠不要你爭我奪的好好的生活著！

5. 圓仔與黃色小鴨

原來長大就是個從簡單變成複雜的過程，因為我們從赤裸裸的沒有防備，然後必須學著穿上一件件厚厚的盔甲，戴上層層的面具，越來越多、越來越重，不知不覺就忘記了本來的自己是什麼樣子了！

每到歲末年終，各大媒體總是會舉辦票選年度重大新聞、風雲新聞人物的排行榜活動，只是回首過往的一年，大概都被政爭、食安風暴、咖啡廳凶殺案、軍中醜聞等等的議題盤據了主要的版面，但屬於正面光明的事件或人物還真的不多。有趣的是，黃色小鴨與小貓熊圓仔，這兩個看來只不過像是花絮的軟性新聞，卻意外的吸引了大家的目光！

也許是一種反差吧？當殘酷的現實太無奈、太複雜的時候，我們於是需要個避風港來洗滌疲憊無助的心，而黃色小鴨與小貓熊圓仔正好適時的扮演了這樣角色，於是有心理學家把這個現象解釋為社會的集體療癒行為，並因此衍伸出許多療癒系的商品。

而這類療癒系商品都擁有共通的特點，像是大眼、小嘴、大頭、短四肢的可愛特徵，有點無辜且需要幫助，這正好滿足了我們想當個有能力提供照顧的大人的願望，**讓我們在想像與接近的過程中，慢慢地軟化內心層層戒備的防護罩，霎時間像是回到童年時的那種單純與美好。**

我覺得每個成人似乎都曾經會有那麼一刻是渴望回到童年的，也許是忽然的聽到了某首歌、無意間重回記憶裡熟悉的地方、看到了抽屜裡的舊照片、畢業紀念冊，或是不期而遇的在擁擠的捷運車廂裡看到了多年不見的老同學，可是因為太突然了而不知該從何的說起第一句話，只好點個頭之後的彼此給了微笑然後互道再見，但思緒卻因此被拉到了那個時空去神遊了一番。

有次晚歸在深夜的計程車裡，無意間在收音機裡聽到過去非常熟悉的聲音，那是學生時代每晚必聽的廣播節目。我曾把當時的苦悶一股腦的寫給這位ＤＪ，並點播了一首歌，後來這位ＤＪ還真的讀出了我的信也播了我點的歌，而且還給了一些安慰與建議，這對當時的我來說，心中充滿無比的溫暖與感激！

當然對照現在的自己，會覺得那時候的煩惱與憂慮真是何等的渺小與簡單啊，但令我詫異的是，原來這個聲音一直都在，他數十年如一日的在空中與來來去去的聽友們在交會中互放著光亮。而我就在聲音的引領下，在過去與現在來回的穿梭著，這才發現到，原來長大就是個從簡單變成複雜的過程，因為我們從赤裸裸的沒有防備，然後必須學著穿上一件件厚厚的盔甲，戴上層層的面具，越來越多、越來越重，然後漸漸地就忘記了本來的自己是什麼樣子了！

我的國小同學們在失聯了二十多後，終於有了再次聚首的機會，見面後同學們拼命回憶起過去的點點滴滴，但對很多細節的部分其實都忘得差不多了，而且每個人憶起的片段似乎都不大一樣，於是大家七零八落零零碎碎的拼湊著，結果後來有一位同學起身說：

「哎呀，我只記得那時候大家好像都呆呆笨笨的，其他的好像都有點模糊了，可是這種回憶的感覺好快樂呀，對不對？」

「當然對啊，喜歡回憶是初老症狀你不知道嗎？」

「哪是什麼初老，根本就是已老好不好！」

同學們就這麼你一言我一語地聊了起來！

為什麼我們會這麼喜歡回憶呢？我想應該是在回憶裡大家都變得簡單了起來！因為在那裡，我們的擁有就只有簡單而已，而現在，雖然擁有了很多東西沒錯，但最缺的卻也不過是簡單罷了！難怪有人說，小時候，簡單就是快樂，但長大後就變成了快樂就是簡單。而回憶就像一座橋，連接著複雜與簡單的兩端，讓我們雖然身處在難以簡單的現在，但至少還有個地方可以稍微喘息，就像看著小鴨與圓仔的可愛模樣後，打從心底發出的會心微笑一樣，是那麼的理所當然，我想所謂的療癒大概就是這個感覺吧！

活得簡單：

在一份臨床心理的文獻裡讀到了有些護理之家與安養機構，會不定期邀集年紀相仿的老人讓他們聚在一起，一同的聽些老歌、看看舊照片，然後談天說地話說從頭，聊聊一同經歷過的年輕時光與社會變遷，聊著聊著在共同話題的共鳴下，可以讓孤獨的情緒抒發並暫時的忘卻病痛，藉此達到不錯的療癒效果。

當然，活著就要往前看，太過於沉溺在過往當然不好，但偶爾的從回憶裡去喚回保存不易的赤子之心，也許那份簡單的純真就是最溫暖人心的正面能量了！

6. 滿漢大餐與清粥小菜

好吃的菜不養生，養生的菜不好吃！唯有簡單清淡才是健康的王道，也才更能享受到品味美食的樂趣與滋味！

「吃飯皇帝大」、「民以食為天」，這些古諺還真的是一針見血的道出了吃的重要！不管是在過去物資缺乏的年代，還是在經濟快速起飛的時代，又或是後工業時期經濟成長疲軟的現在，「吃」一直都是日常生活裡最重要的事，只不過不同的時期 focus 的重點就會不大一樣！

譬如說在物資缺乏的年代，怎麼能夠吃飽就是最重要的，可以吃到肉、吃到魚是非常稀奇的；而後隨著經濟的飛速成長，終於有機會擺脫餓肚子的那種難受感覺，所以吃得豐盛、每餐大魚大肉就是最幸福的事；但是也許正是因為吃得太好了，到現在反而引發了很多文明病，像是高血壓、高血脂、心臟病等，所以吃得健康、吃得養生就變成了目前關注的焦點。

而且很有趣的是，在過去窮的只能吃地瓜的時代，很多老一輩的長者都說看到地瓜、聞到地瓜的味道就反胃，可是怎麼也沒想到，在營養過剩的今天，地瓜、地瓜葉竟然變成了養生抗癌的食物之一。

不過，現代人再怎麼強調養生、飲食控制，但是只要我們隨便走一趟夜市，甚至就只是去鄰近的便利商店……好，就算不出門好了，光坐在家裡打開電視，美食節目、報導更是多的一籮筐，主持人說得活靈活現，來賓們吃得津津有味，而我們就只是坐在沙發上都會垂涎三尺、難以抗拒，我想除非是修行得道的僧人或素食主義者，否則像我們這種處於塵世裡的一般人，要不被美食誘惑大概比登天還難吧！

不過雖然難逃被誘惑的命運，但為了健康起見，不得已地必須隨著年齡的增長，在飲食方面有所節制。時常跟朋友聊天時會談到，這個太鹹不能吃、那個炸的不健康、什麼添加物太多、什麼又被驗出致癌物質超標等等的，吃這個也不好、吃那個也不行，那到底什麼能吃？那什麼都不能吃又該如何生存呢？

回想起自己在年輕的學生時代，吃到飽、吃到撐、漢堡、薯條、珍珠奶茶、蜜酥雞排、鹹酥雞、麻辣火鍋等等，這些不怎麼健康的食物都曾經是我非常喜歡的，只不過隨著年齡的增長，朋友相約去吃吃到飽餐廳的機會漸漸地變少了，垃圾食物也慢慢的減少了食用頻率，當然為了健康是其中一部分的因素，而另一個部分則是漸漸的從歲月裡體悟到平衡、中庸的哲理不只適用於心靈層面，其實用在飲食習慣上一樣合適！

怎麼說呢？如果要大哉問怎麼吃會比較健康呢？這似乎是個大到可以當作一篇論文的主題吧！但是如果要把它化繁為簡的話，那就是「**好吃的菜不養生，養生的菜不好吃**」這句話。

也就是越簡單的菜越健康。舉例來說，加工過的食品味道都比較鮮美，但沒有加工過的食物相較之下就比較不美味，就像冬天我們愛吃的火鍋料，丸子、餃類、鑫鑫腸等等，這些食品都經過兩種以上的食物混合調味過，不管在賣相上或是口感上都比較優，但正因為太過複雜反而對身體造成了負擔，若是過量累積太多的話身體就一定會出問題的。

反過來說，沒有加工過的就叫作「食物」，菜就是菜、肉就是肉、魚就是魚，只要經過加熱烹煮後同樣也是一道菜餚，而且烹調的方式越簡單越好，像是清蒸或川燙的就比較能夠保持食物原味，又不會因加入太多的調味品而危害到健康。

那什麼飲料最好喝呢？咖啡、茶、可樂、汽水、沙士、果汁、冰沙……我想各有各的擁護者，但對身體最好的無疑的還是白開水！所以總結來說的話，口味太重、烹調太精緻的東西其實都不好，唯有簡單清淡才是健康的王道。

說一個故事：

有個富豪想找一位全天下最會烹調做菜的廚師，因為他覺得先前雇用的廚師做的菜餚都不符合他的標準而被他革職，雖然說什麼山珍海味都吃遍的他還是覺得沒有胃口提不起食慾！

有一天，有個平凡女子毛遂自薦的說自己一定可以煮出全天下最美味的菜餚，但是要給她一天的時間，而且不管她怎麼做富豪都不能干涉。

於是一早，女子什麼都沒做，富翁心想大概是菜很難煮，等到中午看看好了。不料到了中午還是一道菜也沒有，富翁想著那晚餐應該可以吃到，沒想到扯的是到了晚上還是什麼也沒有，就這麼過了一天！但是富翁承諾過有一天的時間不能干涉，所以也不好多說什麼！

終於等到隔天一早，女子終於上菜請富豪享用，富豪餓的狼吞虎嚥的把滿桌的菜都吃完，並直呼這是他吃過全天下最美味的一餐！

看到這大家一定很好奇，到底女子煮了什麼好菜呢？原來是一鍋白稀飯，燙豆芽與洋蔥炒蛋，外加一盤白切肉沾醬油，就這樣！

活得簡單：

除非是修行者，否則食慾的滿足就是人生裡非常有樂趣的事！體驗一些用心精緻的小吃，或是在特別的節日裡與家人或三五好友奢侈一下的來頓高級料理，這都是增添生活情趣不可或缺的佐料。

但是再好吃的美食也禁不起天天享用，就像連續吃一個禮拜的米其林五星級餐點，可能不如在飢腸轆轆的時候在路邊攤吃一碗陽春麵加滷蛋要來得美味。

其實到現在我還是喜歡吃炸雞薯條珍奶，只不過在頻率上從過去的一個禮拜好幾次到現在大概一、二個月一次！正是因為久久的吃它一次，才更覺得好吃。就像故事裡的富豪一樣，天天都吃滿漢大餐就不覺得有什麼好吃，反而餓了一天後，只是清粥小菜就是人間美味了！

所以，簡單就是美味；越簡單，才更能享受到品味美食的樂趣與滋味！

7. 雙手合十，最好

盛大的世紀婚禮絕對不是婚姻能夠長長久久的保證，簡單小巧的婚禮更無損彼此堅定的愛情。不需要本末倒置的讓繁雜的程序變成為祭祀的主角，也許最簡單的雙手合十才是敬神的最好方式！

有一次到廟裡拜拜，看到一個國外觀光客非常的認真觀察整個廟裡的情形，他非常的好奇但又不知該從何拜起，過了一會兒終於鼓起勇氣找了廟方人員求助，但因為觀光客不大會中文，而廟方人員的英文也只會一點點，因此雙方比手畫腳了起來。

我們推測這位觀光客大概是要問該怎麼拜拜吧？因為這間廟宇香火鼎盛，有人正在準備供品、點蠟燭、有人點著香在拜拜、有人在擲筊、抽籤、另一頭還有和尚在唸經。因為求神的方式實在是太多了，現場又沒有人英文好到可以把這些禮節全部用英文交代清楚，後來是廟裡的住持走了出來，他先是恭敬的向觀光客點頭致意後，接著領著他走到到佛像前，然後雙手合十的拜著，此時觀光客也似乎盡在不言中的了解住持的意思跟著照做，就這麼朝著廟裡的每一尊神像虔敬的祭拜著。

究竟該怎麼拜拜呢？要從何拜起？順序是如何呢？需要準備幾樣供品呢？要買多少的金紙呢？

這一連串的問題，如果要一直衍伸的話還真的是講個三天三夜也說不完，而且不同的廟宇、不同的地區、不一樣的年代，其實答案也都會不盡相同。

記得小時候跟著媽媽到廟裡拜拜，那時一定要買幾根蠟燭，據說是點了蠟燭把它插在燭台上才代表你來拜過了，否則就算拜了神明也不知道。另外供品的擺法、種類也有很多約定俗成的規矩。還有就是一定要燒金紙，因為那代表著對神明的誠意與尊敬。

不過這些年來，有些比較走在尖端的廟宇已經把燭台撤走，也沒有香爐可以燒金紙，就連點香也減到最少。過去大多是天公爐三炷香，其餘的每一尊神一炷，現在則簡化成全部一炷香就可以，可以說是既環保又能減少汙染與浪費。

他們的說法是，**神明是有德行的人升天領任的，並在塵世中主持正義、獎善懲惡，所以怎麼可能被牲禮、金紙、金牌和演戲給賄賂了呢？**但是著重於繁文縟節的人則認為，花大錢可以得到神明更多的庇佑，捐獻越多福報越大，鼓吹以物質換取功德，所以會很認真遵行複雜的程序與規則！

當然另一種說法是，繁雜的程序正是代表著誠意的深淺，真的有誠意就不會覺得這些程序很麻煩，也就是說如果一絲麻煩都不願意忍受的話，那又怎麼可能是尊敬神明呢？

這樣的說法我部分的同意，就像比較年輕的情侶時常會說，談戀愛就好了，幹嘛結婚啊！**但不管戀愛怎麼談，當兩個人意識到彼此的關係到了必須更嚴肅負責任的時候，結婚就代表著對這份感情進階的一個儀式，結了婚才能在法律上成為合法的夫妻。當然婚姻並無法對感情的好壞背書，成為夫妻後也不見得會比男女朋友的時候要甜蜜，但當感情走到必須成為家人的層次，結婚就是一個必然的過程。**

只不過結婚典禮該怎麼辦，用什麼樣的形式，場面該有多大，那就是雙方以及雙方家屬的妥協與選擇了。但是，有太多例子可以證明，盛大的世紀婚禮絕對不是婚姻能夠長長久久的保證，簡單小巧的婚禮更無損彼此堅定的情感。

同樣的拜拜也是如此，最重要的還是一顆虔敬的心，並在祈求的過程中能夠反省，期勉自己可以時時警惕的做到知足少欲。至於過程該怎麼進行，該拿幾炷香，拜幾次等等的問題，我覺得有個大致的了解就可以了，不需要本末倒置的讓程序變成了拜拜的主角，而應該以簡單作為最高的原則，畢竟在簡單中我們才有可能擁有澄明的心來與神明做最真誠的交流。

活得簡單：

什麼是「保佑」呢？當神明發現我們遭遇困厄的時候，適時的給予勇氣拉我們一把！可是難關還是得靠我們自己來過，並從中汲取到更高層次的智慧，而不是祈求一個僥倖而已。

但是太過複雜的禮俗就容易流於只是一種賄絡與交換，不過是人性貪慾的延伸而已。一位宗教界的師父就曾說：信仰不必太破費，更不需要流於形式。千萬不能認為花大錢弄排場就能造福避禍，一些虛買功德的行為，其實根本就違背了神明的正義原則，不過都是迷信而已！

也許真的不必太複雜，最簡單的雙手合十其實就是敬神的最好方式！

PART2 過得自在

真實地跟自己獨處

未來正是因為無法預料才顯得可貴，
如果事先知道太多，會不會反而是一種負擔呢？
很多事是因為看起來聽起來很困難，
但實際做下去之後會發現，
在每踏一步的過程中反而會變得更加勇敢，
雖然艱難但心底卻是自在無懼的！

1. 人間好時節

當國民的所得到達一定的水平後，伴隨而來的貪婪與奢靡反而會更令人茫然，那麼幸福的感受與價值就會重新的再被定義。生活中微小但確切的幸福，雖然渺小，但很真實！

您覺得自己幸福嗎？如果要為現在的自己打個分數，會打幾分呢？

行政院主計處在二〇一三年首度公布官方版的「國民幸福指數」，台灣排名第十九，號稱是亞洲最幸福國家，甚至超過日本和南韓。不過一公布後，馬上引起民間一陣撻伐，很多市井小民都覺得這數據也太扯了吧？物價油電不斷飆漲，但所得收入卻退回到十多年前的水準，生活這麼的痛苦，怎可能是亞洲最幸福的國家呢？於是一份談幸福的調查報告，又變成官方民間、朝野政黨間的一場口水戰爭！

一直以來，國際間大多以GDP（國內生產總值）與GNP（國民生產總值）

來衡量一個國家是否進步幸福的依據標準。不過十多年前被位處喜馬拉雅山的小國不丹給推翻了，因為當時不丹的國民所得只有七百多美元，卻在國民幸福指數的一項調查裡超越了英、美、法等先進國家。

有趣的是，十多年過去了，不丹的國民所得逐年攀升，但國民幸福指數卻不斷下滑，在去年的一項民調裡，感覺幸福的不丹國民從最初的百分之九十七下滑到只有四十一，於是輿論又開始討論為什麼所得提升但反而幸福感下降呢？

另外一份根據財經雜誌所進行的「二〇一三青年行動力大調查」，高達百分之九十二的填答者在心中有「一直想做卻還沒有行動」的事。至於最想做什麼呢？近五成回答是「旅行」，接下來才是跟精進能力與轉換跑道有關，如進修、發展興趣、打工度假、找新工作、換生活環境等等。

當被問到對哪些事最有行動力時，前三名分別為「享受美食與旅行」、「和家人朋友相聚」以及「探索新奇事物」，與工作和學習相關的「職場上力求表現」和「發展興趣」，都落於其後。

依據這樣的調查結果，實質反映出有更多數的人越來越重視對「小確幸」的追求，於是有學者分析這是因為社會經濟結構的轉變所致，也就是過去的台灣處於經濟高度成長的時代，因此生活價值的重心會擺在生產力與工作上，但隨著後工業時代來臨，經濟發展進入停滯疲弱的高原期，很自然的就會轉到以生活與消費為導向的小確幸當中。

「小確幸」一詞這些年來被廣泛的使用，這是日本作家村上春樹在他的作品裡創造出來的，意即「生活中微小但確切的幸福」，雖然渺小，但很真實。因此每個人的小確幸可以不盡相同：**能夠忙裡偷閒的在咖啡廳裡聽著悠揚的音樂讀一本好書；在酷熱的盛夏吹著冷氣吃冰、在寒冬裡吃著熱呼呼的火鍋；一家人團圓的吃個便飯；老朋友可以聚在一起的天南地北；帶著心愛的寵物外出散步；在秋高氣爽的陽光下騎腳踏車；期待著想看的連續劇等等……這些不是什麼遙不可及的偉大夢想，甚至可以說是平凡到不行的小事，但只要懂得樂在其中，那就可以很幸福！**

當然，有很多有志之士會感到憂心忡忡，認為如果大家都沉迷於細微近觀的小確幸裡，那麼整個國家的經濟與發展只會每下愈況，進而陷入更不幸福的感受裡。

針對這樣的遠慮，我有著不一樣的看法，因為從不丹國民的幸福感隨著所得的增加而下滑就可以證明，當所得到達一定的水平後，伴隨而來的貪婪與奢靡反而更令人茫然，那麼幸福的感受就會重新的再被定義。

而像「小確幸」這樣的價值會在日本廣為流行也有它的時空因素，他們曾經擁有亞洲第一的光榮時代，但在一九九〇年泡沫經濟爆發後，到現在已經二十多年了還一直呈現停滯不前的狀態，而且可預見將來也不太有快速復甦的可能，正因如此才讓日本人體悟到小確幸的真實與可貴。

把日本的情形再對照現在的台灣，是不是有很高的雷同性呢？台灣錢曾經淹腳目、外匯存底世界第一，締造過「經濟奇蹟」的美譽，但也曾經被喻為「貪婪之島」，昔今對照，您覺得哪一個時代的我們比較幸福呢？

過得自在：

「春有百花秋有月，夏有涼風冬有雪；若無閒事掛心頭，便是人間好時節。」相較於村上村樹的小確幸，我覺得這首出自南宋無門慧開禪師的詩句則蘊含了更寬闊更豁達的幸福意境。

關於幸福，還是必須很入世的說，貧窮絕不可能幸福，三餐不繼、露宿街頭，要談幸福根本就緣木求魚；但同樣的，認為住帝寶、開雙B、喝紅酒、打高爾夫才是幸福的話，那距離能無閒事掛心頭大概只會難上加難。

我想，若能懂得享受屬於自己的人間好時節，真正的幸福就會盡在不言中。

2. 手錶眞的是拿來對時的嗎？

回歸每件物品的本質吧！包包就是拿來裝東西的、汽車就是用來代步的、手機就是用來講電話的。一旦被名牌所衍生的價值給迷惑了，那麼距離自在就會很遠很遠！

問問自己有沒有迷戀名牌呢？舉凡生活周遭的一切，吃的、穿的、用的、住的、行的，是不是幾乎都受到名牌的入侵！

而究竟什麼是名牌呢？學理上咬文嚼字的解釋是，它是一個由品牌、名稱和符號所連結的資產和負債。以最簡單的方式來講，兩個外觀、特性、功能等完全相同的產品，當掛上不同的品牌名稱、符號 或標誌時，消費者所認定的價值差異。

所以人們相信名牌能夠襯托出與自己相同等級的價值，藉此達到相得益彰，互為表裡的效果。也就是說，如果自己明明經濟狀況不錯，那當然就要用比較名貴的錶、開比較貴的車、揹一個幾萬塊的包包來顯現出個人應有的身分地位，否則會讓別人以為自己好像過得不怎麼樣。當然更不乏打腫臉充胖子的情形，明明沒有那樣的經濟條件，但希望藉由名牌來讓別人誤以為自己的狀況並不差，不然面子怎麼掛的住呢？

印度電影《三個傻瓜》裡有一段描述男主角藍丘為了阻止女主角珮雅與她的未婚夫蘇哈斯訂婚的橋段。

藍丘認為蘇哈斯是個勢利拜金的人，因此藍丘對珮雅說：「他會讓你的人生只有名牌和價錢，生活對他而言只是盈虧報表，他會毀了你的生活跟未來的！妳是院長的千金、準醫生，看到了妳身上的利益所以會跟妳在一起，但實際上他在乎的不是妳！」

珮雅聽了不是滋味的說：「你憑什麼說他不在乎我？」

「想要證明嗎？妳知道他那雙名牌皮鞋值多少錢嗎？其實不用我們問，他自己會說的！」

於是藍丘在宴會上做了一個實驗，假裝不小心的把芥末醬倒在蘇哈斯的鞋子上，果然蘇哈斯的第一句話是：「搞什麼，這是價值三百塊美金的名牌鞋啊！是手工縫製的義大利真皮皮鞋啊！」

後來有一次蘇哈斯送了一只名錶給珮雅當作定情物，於是籃丘又做了一次試驗，他故意跟蘇哈斯說珮雅把手錶弄丟了，看他會有什麼反應！

果然蘇哈斯大發雷霆的斥責珮雅：「什麼？妳把手錶弄丟了，妳知不知道那只錶值四十萬欸！」

籃丘在一旁故意調侃的說：「我的才兩百五，可是時間好像一樣準啊！」

「閉嘴！」蘇哈斯對著籃丘大吼，然後繼續對珮雅說：「妳還一副無所謂的樣子，那可是限量的經典款妳知道嗎？」

此時珮雅有些難過的想哭，不料蘇哈斯繼續說：「哭什麼哭啊，還不趕快去找，找不到妳就戴妳的便宜貨去參加晚宴吧！」

騎腳踏車算是我非常喜歡的休閒活動之一，尤其在大台北地區，河濱自行車道建置的非常完善，只要我們願意朝它走去，就能夠享受著與陽光藍天白雲為伴的自在與愜意。

我就發現真的喜歡騎單車的同好彼此聊起天來一般會問：

最喜歡騎什麼路線？

騎早上還是傍晚？

也有很多人會分享夜騎的樂趣，尤其在夏天的晚上，因為白天實在是太熱了，而且紫外線太烈了！

騎多久的時間會休息？

哪邊有不錯的休息地點可以小歇一下？

有什麼值得拍照留念的風景？

而另外有一類型的人，當聊到騎單車的時候，就先問我騎的是什麼牌子的車，然後就會眉飛色舞的談他的那輛單車當時買了好幾萬塊，車體是什麼合金做的所以很輕，車子還配備最先進的GPS衛星導航系統，精密度絕對不輸進口轎車，而且有一個部分還是手工打造所以才這麼有價值！

接下來就是全身的裝備衣著都是原裝進口的，而且某某名人也同樣都是愛用者等等的！

我點頭微笑的表示同意後然後問：「那你平常都騎什麼路線呢？覺得哪裡的風光最美呢？」

「喔！去年騎了一趟北宜公路，可是因為我那輛車太名貴了，騎出去要很小心，像附近什麼淡水、八里那一帶偷車賊實在太多，所以最近就很少騎出去，實在是太危險了，你想想看，一不小心幾萬塊就飛了！不過也許明年會來個挑戰清境合歡山也說不定呢！這樣衛星導航就可以發揮作用了……」

很有趣的就在於，前一類型的朋友他們是發自內心的喜歡騎單車，是把單車當成帶領自己迎向自在舒坦、協助我們接近大自然的一種工具，也就是休閒才是整件事情的關鍵主角。

而後者的朋友則是把單車本身的品牌價值當成整件事的主體，車子的名貴與否、昂貴的配備、物質層面的炫燿才是他們認為重要的事！

其實適度的物質消費絕對無可厚非，在合乎自己經濟的能力下犒賞自己稍微的奢華一下是沒什麼關係的，而且據經濟學理論這還能帶動消費促進經濟成長，應該是好處多多的！

但是回歸事情的本質來看，手錶不就是用來對時的嗎？筆不是用來寫字的嗎？包包就是拿來裝東西的不是嗎？

當然商人會告訴我們，是因為你夠尊貴所以配上了如此高貴的產品才能夠擁有極致驕傲的等等的這類宣傳，但是如果我們陷入這個被名牌所賦予價值的陷阱後，就會逐漸忘卻了做這件事情，用這個商品的初衷是什麼了！

過得自在：

如果名牌變成了定義生命價值的主宰，那麼發自內心的自在就會離我們越來越遠！

就像蘇哈斯送給珮雅的名錶到底擁有了多少的愛？就像買了幾萬元的衛星導航單車確害怕被偷而很少騎出去，那麼真正屬於騎單車的樂趣還能擁有多少呢？真的很值得我們深思！

3. 先生與經理

如果現在的我拿掉了頭銜，褪去了地位，真實的自己還有多少呢？周邊還有多少不帶算計的情誼還會存在呢？還值得別人打從心底的尊敬嗎？

有位大一新鮮人看到學校裡的宣傳海報，是一場關於心靈成長的小型演講座談，不需收費自由入場，所以新鮮人覺得應該滿有趣的，於是決定前往參加。主講人是一位校內的老師，雖然不是非常有名，但講演的內容相當豐富，新鮮人認真聆聽後覺得獲益良多。一般來說這類的座談會多會鼓勵台下的聽眾提問以增強臨場互動性，於是新鮮人舉手後先禮貌性的問候老師好，接著就把要問的問題說完。

沒想到講師聽完問題後的第一句回答是，各位同學，我是副教授，不是講師，我好不容易才在去年升為副教授，你們知道這有多辛苦嗎，到現在還叫我講師對我的打擊太大，希望以後來參加座談會的同學要先弄清楚主講人的頭銜，這是基本的禮貌。

其實這位講師，嗯！不對，是副教授，對新鮮人的說法並沒有錯，的確，在社會上叫錯一個人的頭銜實在不大禮貌，但同樣的，一位在大學殿堂授課的老師對於頭銜稱呼這麼在意，這反映出什麼樣的心理狀態呢？

大一新生可能是以過去國、高中的記憶，覺得只要是站在講台上的都是老師，並不了解大學殿堂裡講師、副教授與教授的分別，但對當事人來說，漫長的升等過程是一段外人難以了解的艱辛歲月。

如果問頭銜對一個人重要嗎？我想得到的答案可能會跟問外表重不重要類似，回答的真實性是需要打折的。尤其是像教授、醫生、法官、律師這類專業人士，因為必須通過層層考驗才能得到，所以會對得來不易的頭銜非常在意。

此外私人企業裡的頭銜雖然不像教授、醫生有著一套繁雜冗長的考核程序，但同樣的每晉升到一個位置都代表了對功勞苦勞的報酬與肯定，所以雖然頭銜職稱說來俗氣，但已經無法回頭的付出與心血是人人都會用心計較的。也難怪很多描述職場的小說或電影都會有這樣類似的對白：奮鬥了這麼多年，為的不就是這個位置嗎？如果沒有了它，我到底還有什麼價值呢？

說一個故事：

林經理是一家跨國企業的高階主管，在公司熬了十多年終於爬到總經理這個位置，當然要攀到這個位置或多或少的耍一些手段是免不了的，但他始終相信一切會是值得的。果然在多年的努力下，皇天不負苦心人的終於如願了，而且當上總經理後全公司的人都對他畢恭畢敬，彷彿真的享受到什麼叫走路有風的感覺。

但在一次交通意外裡，林經理腦部受到撞擊因而昏迷不醒，還好他福大命大，十個月後竟然奇蹟似的甦醒了。只是，才不過短短的十個月，竟然已經整個人事全非了。不但公司很快的找人接替了他的位置，而且看來營運絲毫不受影響，似乎自己的存在並沒有想像中的那麼重要。

更讓他難以接受的是，不但妻子離他而去，就連他以為找到真愛的年輕小三竟也另結新歡，而且對象正是先前被他幹掉，但現在正接替他位置的李經理。小三對他說：過去我愛的是林經理而不是林先生，現在你什麼也不是了，不過是個普通的林先生而已，我為什麼還要跟你在一起。而且以前我還以為你很厲害，沒想到才幾個月的時間就完全被取代了！

的確，擁有某個頭銜職務的時候，因為它所衍伸出來的權力與人脈，是會實質地影響到別人對你的態度，而且職位越高，真誠的部分只會越來越少。所以我們應該要意識到，如果現在的我拿掉了頭銜，失去了地位，真實的自己還有多少呢？周邊會有多少真的情誼還會存在呢？還值得別人打從心底的尊敬嗎？

過得自在：

十九世紀法國著名畫家貝洛尼，有一次他獨自到瑞士的日內瓦湖，一邊欣賞風景並一面作畫。不料正當他畫到一半的時候，有三個英國人路過，他們看了看貝洛尼的畫後立刻毫不留情的批評了起來。

貝洛尼聽了後不但沒有生氣，反而非常誠懇的向他們道謝，感恩他們的指教。三個英國人正要離開時，其中一位順口的問到：「我們聽說大師貝洛尼好像就住在附近，我們想去請教他作畫的技巧與學問，您知道該怎樣找到他嗎？」

這時貝洛尼才謙虛的說：「不敢當，我就是貝洛尼！」

在這個有趣的故事裡，當三個英國人還不知道他們所批評的對象就是大師貝洛尼的時候，此時的互動與態度才是真實無矯的。如果他們一開始就知道作畫的人就是貝洛尼的話，還有可能說出心底真正的感受嗎？貝洛尼還有可能聽到原汁原味的真話嗎？

當然，關鍵就在於，我們要真的想聽發自肺腑的聲音，要真的想經營不帶算計利害的情誼，那麼終究會卸下頭銜的我們就能夠很自在的面對那一天的到來！

4. 早知道，多負擔！

未來正是因為無法預料才顯得可貴，如果事先知道太多，會不會反而是一種負擔呢？很多事是因為看起來聽起來很困難，但實際做下去之後會發現，在每踏一步的過程中反而會變得更加勇敢，雖然艱難但心底卻是自在無懼的！

「早知道會這樣，我當初就……」這是我們最常聽到的感嘆，但偏偏千金難買早知道，不管你多有錢多有權，都沒有人知道下一秒會發生什麼事！

但雖然越沒辦法預知未來，但我們總想或多或少的從一些蛛絲馬跡中想辦法要預測未來，趨吉避凶。於是像是紫微斗數、占星術、塔羅牌、姓名學等等的算命方法就非常的多，尤其是在比較不順遂的時候，或是面臨抉擇的十字路口時，總希望能夠有一股神奇的預知力量來幫忙指點迷津。

可是如果問大家算命真的有準嗎？如果準的話有沒有避開困厄的事情嗎？

我想大部分的人會覺得這個問題真的很難回答！因為算命師通常不大可能斬釘截鐵的把話說死，反而大部分都是一些比較模稜兩可的說法，這樣也對，那樣也好，就是不大可能說出真正的標準答案。

而且有個現象很有趣，那就是人世間大部分的事情都會有所謂的責任歸屬，就連用科學來預報天有不測風雲的氣象，都會因為颱風的預測路徑與實際路徑差距太大，造成嚴重損失而被輿論圍剿，甚至還曾經發生過有辦活動的廠商因為氣象說會下大雨而取消活動，但當天卻陽光普照，業者不甘損失而要串連同行上街抗爭的事情！

但唯獨算命這件事，就算錯了，其實大家並不會那麼的苛責算命者，不大可能要他負什麼責任的。記得二〇〇四年的總統大選，那時藍營的連戰宋楚瑜整合成功，再加上尋求連任的阿扁政績實在乏善可陳，選前的民調幾乎一面倒的顯示連宋將會大勝十％以上，當時好多個知名的算命師也都順著這個大勢說藍營穩贏，結果果真人算不如天算，選前一天發生了著名的三一九槍擊案，結果陳水扁反而奇蹟似的險勝兩萬多票。

那時很多朋友在茶餘飯後都聊到說，這麼離奇而且充滿戲劇性的情形怎麼沒有算命師事先卜算出來呢？我想只能用世事難料、天威難測來解釋了！

不過，上面的這段絕對沒有對算命師不敬的意思，反而我覺得，算得對不對、準不準倒還是其次，而是在算命的過程中我們有沒有得到療癒是比較重要！

很多人應該會同意，其實算命是另一種形式的心理治療，而算命師則是一個敏銳的觀察家。當我們會去找人算命的時候，在他面前應該是繳械沒有防備的狀態，就像生病找醫生看病不大可能還把症狀隱瞞是一樣的道理，於是算命師就會利用我們散發出來的氣息、動作、眼神與態度來做推理，再丟一些問題看我們應答時的感覺來抓住幾個困惑的點，然後從中分析出一些可能的方向。

當然我也相信，算命絕不是完全的無憑無據，還是有遵照很多宇宙間玄妙的法則來做歸類，但如果回歸到問題的本質來看，究竟我們對命運的態度是什麼？相信命運的安排嗎？命運能夠改變嗎？如果不能改變，那我們活著的意義又是什麼呢？

我想除非還是天真的孩子，不然應該不會有人真的認為命運可以完全掌握在自己的手裡，因為成長的最大寶藏就是體認到自己的有限，發現到越來越多無能為力的事情，於是在人生陷入幽谷的時候，會強烈的渴望尋求預知未來，並想辦法擺脫厄運的糾纏。

能避的，當然盡量的想辦法避開它，這是天經地義無可厚非的，但的確很多事該來的就會來，怎麼避也避不掉，那麼事先知道會不會反而是一種負擔呢？回首來時路，我常思索很多困難如果事先知道原來過程會那麼辛苦，那麼當時的我還能擁有意志去克服嗎？會不會反而會失去面對的勇氣，變成想要逃避的只剩下擔心而已！

過得自在：

有一個地勢險惡的峽谷，懸崖兩邊只有一條繩索連接，繩索下方就是又深又湍急的河水，大部分的人看到這個情形就放棄不敢過去，最後只有兩個人平安抵達，一個是因為他眼睛看不見，所以沒有被險峻的環境影響，就著麼冷靜謹慎的一步步的前進；另一個人則是耳朵聽不見，所以沒有聽到周圍的人議論紛紛了些什麼，所以就這麼的心無旁騖的走到彼端。

這個寓言故事告訴我們，很多事是因為看起來聽起來很困難很可怕，於是心中的恐懼被無形的放大了，但實際做下去之後會發現，在每踏出一步的過程中會變得更加勇敢，就算仍舊艱難但心底卻是自在無懼的。

這麼說並不是反對算命，因為把他當作參考其實沒什麼不好，但是千萬不能沉迷其中，否則就算未來的事全被料中，卻換來每個當下的忐忑不安，那豈不是更得不償失了嗎？

5. 自在的動起來吧！

運動健身應該撇除掉競爭計較的心態，不跟別人比較，也不是為了要炫耀什麼健美的身材，而是能夠在自在裡得到一種樂在其中的幸福，這樣才能把身體與心靈回歸給自己，然後在沒有壓力的情況下讓身心全然的釋放開來！

俗話說：「要活就要動」真的是一點也沒錯。在緊張壓力的現代生活中，運動不但可以紓解壓力、消除身心疲勞，更可增加心肺功能、增強免疫力並促進新陳代謝，還能降低血壓減少脂肪，總而言之就是好處多多。

而且運動的方式種類很多，舉凡像是球類、游泳、慢跑、登山、健走等等都是很好的方式。就有研究指出，每周至少三天從事每次三十分鐘，強度能夠達到每分鐘一百三十次心跳數並自然的流汗，就能夠達到健身預防疾病的效果。

然而這些年來，從西方引進的健身俱樂部也漸漸的在國內流行。一般而言，健身俱樂部就是先繳一筆費用，然後有專屬量身訂做的課程，可針對每個人不同的健身需求來制定運動課程。而大部分會參加這類俱樂部的人大多是為了避免自己怠惰，有一堆人一起運動彼此激勵比較能夠持之以恆，這就有點像是要到圖書館或是K書中心讀書，會比較有效率是一樣的道理。

但也曾看過一個例子是，一對新婚夫妻為了是不是上健身房起了很大的爭執。因為妻子非常討厭先生到健身房去運動，她說：運動的種類那麼多，而且運動就是要接觸大自然，為什麼要把一堆人關在密閉的空間裡，而且在健身房一大堆穿緊身韻律褲的女生，大家互相在那邊眼睛吃冰淇淋到底是什麼心態，還是你根本就是喜歡到那邊看辣妹就明講！

先生覺得妻子平常都很好溝通，可是一談起這件事就變得不可理喻，連情緒性的攻擊話語都出來了，但他希望妻子能尊重自己的行動自由，可是每回的爭吵都沒有結果。後來這位先生就編一些理由偷偷的去，但整個過程膽顫心驚的，深怕運動到一半太太打電話來沒接到會疑神疑鬼，而且每次運動完又會覺得心裡怪怪的，心想為了這種事情而破壞了夫妻間的感情與信任真的值得的嗎？

明明運動是一件好事，但卻因為運動的方式而起了這麼大的爭執，於是就有朋友建議這位先生既然老婆的反應這麼激烈，那為了夫妻關係的和諧，只好退一步的找彼此都能接受的運動方式一起去做，不但能夠享受健康還能拉近感情，畢竟運動是一件好事不是嗎！

當然這個例子不單單只是運動方式的選擇，更麻煩的是夫妻間溝通的藝術。但整個問題的關鍵還是要回歸到運動的基本目的是什麼？運動不就是為了放鬆嗎？如果整個運動過程是緊張擔心的，那就真的失去了運動的意義！

我曾經在大約晚上八、九點的時候，在一個被辦公大樓包圍的國小操場裡，看到幾個像是加班結束的上班族來到這裡，男生就在跑道邊把西裝與領帶脫掉，女生則是脫掉高跟鞋換上運動鞋，就這麼的在跑道上健走了起來，也許乍看下好像服裝不太協調，但在夜間的操場上，誰也不認識誰，就算認識，大家也知道彼此是在忙碌了一天之後來這邊享受著短暫的片刻自在！想跑快的就跑吧！想慢慢走的也沒關係，不在意誰快誰慢，誰的身材好壞，就是盡情的享受運動所帶來的放鬆愜意！

所以，真的要讓自己健康的運動就要先從「感覺自在」開始，這樣才能把身體與心靈回歸給自己，然後在沒有壓力的情況下讓身心全然的釋放開來！

尤其我覺得，運動健身必須撇除掉競爭計較的心態，因為運動與競賽是不同的，競賽是為了求勝，不見得對身體有好處，甚至時常出現運動傷害，但讓自己健康的運動則是一種生活的情趣，不跟別人比較，也不是為了要炫耀什麼健美的身材，而是能夠在自在裡得到一種樂在其中的幸福，如果可以這樣的話，那麼它就會自然而然的成為生活裡不可或缺的一部分！

過得自在：

到健身房運動的確有許多好處，比如不受時間距離的限制，而且不管颳風下雨都不受影響，如果是到戶外登山健行就可能因為交通因素而不大可能天天去做。

但我還是覺得，人是從自然而來，所以如果可以的話應該盡量的回歸大自然的懷抱。因為在大自然的空間裡，我們會不知不覺的就感到很自在，然後在輕鬆的運動裡自然得呼吸著，更可以感受到季節的變換、陽光的顏色與微風的溫度，這是任何的運動器材或頂級VIP會員都無法取代的！

當然，這只是我的個人看法，青菜蘿蔔各有所好，不論是室內室外、團體或是個人、劇烈或是緩和，只要可以自在的持之以恆，我想那就是最適合自己的運動方式！

6. 究竟幾歲才是最好的時光呢？

企圖以現在的結果回到過去去改變當時的決定，其實只會越弄越糟、越改越亂！那是因為我們經歷了錯誤給我們的磨難，才能有現在的體悟。如果再回到當時，因為沒有經歷過這些，所以並不會有現在的智慧，去做從現在來看是對的決定。

我想很多人小時候應該跟我一樣，最大願望之一就是希望能夠趕快長大，因為那時候會覺得大人的世界好遼闊喔，而自己卻只能固定的玩著幾個單調的玩具，好多想去的地方、想買的東西大人都會說：要等你長大以後才可以喔！

而時間非常信守承諾的讓我們快快長大，快到讓我們不知不覺、後知後覺，然後我們的願望慢慢的變成：要是現在能夠回到小時候那該有多好……年輕的時候還可以，現在應該沒辦法了……

看過一段對同學會的 kuso 文字寫到：

畢業五年後，結婚的一桌，單身的一桌；
十年後，有孩子的一桌，沒孩子的一桌；
二十年後，元配的一桌，再婚的一桌；
三十年後，國內的一桌，國外的一桌；
三十五年後，葷的一桌，素的一桌；
四十年後，退休的一桌，沒退的一桌；
四十五年後，有牙的一桌，沒牙的一桌；
五十年後，自己來的一桌，扶著來的一桌；
五十五年後，說要來有來的一桌，說要來卻沒能來的空一桌；
六十年後，能來的一桌，不能來的照片一桌。

這段有些俏皮的打油詩其實是用詼諧的方式道盡了歲月流逝的必然與事實。小時候，時間就像永遠揮霍不完的數字一樣，過都過不完，正因為經歷過的事情太少，所以很難知道該怎麼去珍惜它！

但漸漸的，當我們踏過二十五歲、三十、三十五、四十……這一道道歲月的門檻後就會發現，咦……日子怎麼會過得這麼快呢？不是春節才剛過完嗎，怎麼一下就清明了……然後馬上就過端午吃粽子划龍舟……再來耐過酷熱的夏天候就要過中秋吃月餅了，接著大地就會慢慢的蕭瑟起來，來到滿地落葉的深秋，這就意味著 merry christmas 以及二〇一一的跨年煙火即將到來……

所以才會說人生不過數十寒暑罷了，春去春又來，一個循環過去，另一個新的循環又會開始，就這麼的日復一日，年復一年……

但究竟，幾歲是生命中最好的年齡呢？我想大多數的人會說，當然是年輕的時候！

不過曾經有個益智節目出了這道題目問現場出席的來賓，一個小女孩說：「剛出生時，就像現在的弟弟一樣，媽媽每天都只忙著照顧他！」一個讀小學的孩子則說：「三歲，因為不用去上學，而且每天只顧著玩就好了！」

高一學生說：「十八歲，因為在那之前是未成年，有很多場所都不能正大光明的去！」

另一位中年男人則說：「二十五歲，因為那時候體力最好，剛退伍又沒有家累，要達成什麼理想比較能隨心所欲！」

三十歲的年輕媽媽說：「五十歲吧？因為那時候孩子都大了，可以有自己的時間做自己想做的事！」

三十五歲的年輕爸爸則說：「六十五歲，只有在那時候才能享受無牽無掛的退休生活，享受自己想過的人生。」

最有趣的是三歲小男孩童言童語的說：「我媽媽今年二十八歲，所以我覺得二十八歲最好，可以管東管西還可以買好多東西，想吃什麼就吃什麼，不像我現在被規定每天一定要喝牛奶還要吃青菜！」

最後一個回答的則是八十多歲的長輩：「相信我，不管你現在幾歲，每個年齡都是最好的！」

過得自在：

當然真的不能否認，年輕的時候想做任何事情的限制都是最少的，體能上也處於最巔峰的狀態，擁有的機會相對上就多了很多！所以當隨著年華老去，我們很難避免感嘆年少時的美好，所以電影裡很多膾炙人口的作品都是談有關穿越時空的題材，這其實是反映了人們對時光流逝的無奈與追悔。

但這些作品又都有一個共同的元素就是，企圖以現在的結果回到過去，而去改變當時的決定，最後只會越弄越糟、越改越亂，像是回到未來、時光機器、黑洞頻率、蝴蝶效應……都有著類似的哲學精神。

也就是說，是因為我們走過了後來的歷程，經歷了錯誤給我們的磨難，才能有現在的體悟。如果再回到當時，因為沒有經歷這些，其實並不會有現在的智慧去做從現在來看是對的決定。

我想這就是老天給現在的我們最好的禮物，就像最後一位長輩所說的，每個年齡都是最好的，因為它都有一份歲月給的賀禮等著我們去打開！

7. 其實沒有什麼是「我的」

每個人都是穿插在他人生命裡的一個片段！或長或短，或親或疏，也許愛也許恨，但就這麼錯綜的交織著！唯一不變的是，彼此都是彼此的過客，就只能與她（他）共走一段路程而已！

一位登山客意外的因為天候變化與路況不熟而迷路了，他在山上繞了很久一直無法脫困，眼看太陽就要下山，幸好在夜幕低垂前看到森林裡有一個獵戶人家露出燈光。

登山客很高興的上前敲門表示要借住一晚，沒想到屋主冷冷的拒絕說：

「對不起，這是我家，我們不是開旅店的！」

登山客聽了後笑笑說：

「天下之大，其實處處都是旅店，你這裡當然也不例外！我只問你三個問題就可以證明。」

屋主先是面露慍色，繼而舒眉應道：

「好，只要你這三個問題能夠說服我，我就招待你一晚。」

登山客問：「在你之前，誰是這間屋子的主人呢？」

「是我的父親啊！」

「那在令尊之前，誰住在這裡呢？」

「家祖父。」

「那麼如果以後您過世後，這間房子誰會做主呢？」

「我的孩子吧！」

登山客聽完於是笑著說：

「這就對啦，這樣說來你也只是暫住，就像我一樣啊，是個旅客……」

屋主聽完後覺得頗有道理，於是爽快的歡迎登山客藉住，並共度了一個愉快的夜晚。

這是一段有趣的故事，也許很多人乍看之下會覺得強詞奪理，但若是我們願意靜下來緩緩的思考一下，然後把所謂的「擁有」、「我的」放到拉長的時間軸線裡就會發現，我們以為是我的而緊緊握在手心的東西，其實最後還是得還回去的！

而在人與人之間的關係裡，像是父母、夫妻、孩子、朋友、同事等等……越是親密的關係就越具獨佔性，像是我的父母、妻子（丈夫）是我的、孩子是我的等等……

但是，不管我們再怎麼孝順父母，再怎麼祈求他們能夠長命百歲，最終他們也會走在我們的前面，我們也只能陪父母一程；再怎麼疼愛自己的兒女，想要時時刻刻給他們最好的，不忍讓他們輸在任何一個起跑點上，但總有一天，我們也會走在他們的前面；夫妻間再怎麼恩愛相惜，最後也一定會有一個會提前放手離開！

也就是說，我們每個人都是穿插在他人生命裡的一個片段。或長或短，或親或疏，也許愛也許恨，但就這麼錯綜的交織著！唯一不變的是，彼此都是彼此的過客，只能與她（他）共走一段路程！

我在《人生，剛好就好》的作品裡曾引用知名作家吳淡如所談到的：「活了這麼幾十年，這一刻我忽然有一種感覺，好像我努力得來的一切，不過是一紙租賃契約，一切都是租來的。到了某個年限，就要繳清借款，還回去。」

也有人做過統計，受囿於戰亂以及人類壽命之有限，歷史上的土地擁有者，平均擁有「自己的土地」的年歲，並不會超過三十年，與俗話說的「富不過三代」，冥冥中相應合。

於是我常在想，人們爭的你死我活其實追根究柢的就是讓「我的」越變越多，這樣才會有安全感，才會覺得幸福！但事實上真的是這樣嗎？

在前面的篇章有提到我非常喜歡在河濱步道散步慢跑或是騎單車，看著日出、望著日落，拂著清風，享受著陽光灑在河道上慵懶與愜意！

一次在騎單車的路程裡，聽到一個孩子對父親童言童語的說，「爸爸，你可不可以把這邊買下來啊，這樣我就可以每天來這邊玩了！」

「這是公園，公園是不能賣的！」

「為什麼公園不能變成我們家？」

「因為公園是大家的，而我們也是大家的一部分啊！」

雖然只是一個孩子童言童語的問了問題，但也許孩子毫無矯飾的反應出人性裡執著佔有的原始天性，只不過身為大人的我們早已不自覺的不覺得那是一個問題罷了！

倒是我覺得孩子的爸爸：因為公園是大家的，而我們也是大家的一部分的回答真是棒極了！可能以孩子的年齡不那麼容易了解是什麼意思，但卻讓距離小孩子有些遙遠的我認真的思索了一會兒！

像我這麼迷戀河濱美景，如果它可以賣，而我也把它買下來的話，那我還能像現在三不五時的悠閒的在這邊享受嗎？還是當它變成我的之後反而就不會那麼常來了？是不是要請設計師把它整建成我要的樣子？然後加高圍牆並請保全公司來維護安全，禁止嫌雜人等進入？還是可以考慮賣票收費，生意應該會不錯？……

如果這樣的話，我的河濱公園會比大家的讓我快樂自在嗎？

想起了多年前有一首台語流行歌《歡喜就好》，主唱者是陳雷，它的歌詞似乎很詼諧地唱出了我提出來的疑問：

人生海海　甘需要攏瞭解
有時仔清醒　有時青菜
有人講好，一定有人講歹，
若麥想嚇多，咱生活卡自在　。
歸工嫌車無夠叭，嫌厝無夠大，
嫌菜煮了無好吃，嫌某尚歹看，

駛到好車驚人偷，大厝歹拼掃，
吃甲尚好驚血壓高，美某會兑人走。
人生短短，好親像塊七逃，
有時仔煩惱，有時輕可，
問我到底，腹內有啥法寶，
其實無撇步　歡喜就好。

過得自在：

前一陣子新聞報導有一名大陸客來台旅遊，在海邊撿了好幾公斤的石頭，在機場被海關攔下來並沒收。他很不解的說：這是海邊的石頭，為什麼不能帶回家呢？

只不過，把石頭帶回家變成我的石頭究竟有什麼意義呢？紀念？送人？把玩？炫燿？……

幾年前第一次看到證嚴法師靜思語裡談到：「我們只有生命的使用權，沒有所有權！」

當時這段話讓我反思了好久好久！過去一直很理所當然的覺得我當然就屬於我所有，而且除了我之外還要把更多變成我的，這難道還有什麼好疑異的嗎？

而這些年來感恩時間給我的磨難與淬煉，漸漸的懂得原來我們以為什麼是我的也不過是在某段時間而已，所以重要的是在那段交會的時間裡隨緣自在的珍惜彼此，至於「是你的、是我的」這種佔有與否的問題還是少去煩惱的好，也許這樣才能過的快活些吧！

8. 舊的不去、新的不來

我們面對鉅變或失意的時候，很容易停滯沉溺在過去的回憶裡，每個東西都想把握，任何一景一物都有紀念價值，唯獨對於眼前的一切不想面對。勇敢一點的拋下它們吧！那麼空出來的重量與空間才能讓我們輕盈自在的向前行去。

日本有個名叫「黃金傳說」的電視節目，內容是製作單位會去找一些堆滿了垃圾的房子，然後由主持人與屋主溝通，努力耐心的說服屋主，直到取得屋主的同意後才會開始請工作人員一起動手清除屋裡的雜物。

其實每間垃圾屋都是一段滄桑的故事，所以在清裡的過程中，主持人會非常注意屋主的反應，時常是清到也許外人看來又髒又舊毫不需要留戀的物品，但當事人卻出現了若有所思的猶豫表情，這時主持人也會非常尊重他的意願，並停下來的陪屋主聊聊往事，就像朋友般的一起吃喝甚至洗澡睡覺，在這樣搏感情的過程中讓屋主漸漸的敞開心扉來面對這個堆滿垃圾的房子。

很多是獨居多年的老人，發生變故後便獨自一人生活，而過去生活軌跡裡的一切就會變得無法丟棄，也許是孩子的舊床，與老伴一起蓋過的棉被、床單、舊書、貓狗的籠子、雨傘甚至是過期的罐頭、廚餘等。

有一集是一位老伯，他心愛的太太二十多前年過世了，之後他就一直活在悲傷中，所以對於房子裡的一切就不希望有任何的變動，想盡力保持原本的樣子，也不想和外界有什麼太多的聯繫，完全活在自己的世界裡；也有一位是中年失業的男子，鬱鬱不得志後，便開始習慣蒐集一些舊物品來懷想過去意氣風發時的美好，藉此來填補逃避心中的空虛失落……

我在《豁達：再難也要堅持，再痛也要放下》作品裡有提到，曾經我也是一個極端「念舊」的人，房間中、抽屜裡堆著一大堆沒有用的東西，像是電影、遊樂園的票根、收據、車票、船票、重考時的講義、聯考的錄取通知、舊書報、錄音帶、筆記本……等等，在別人眼裡是垃圾的東西，對我來說卻是比黃金還珍貴的寶物。

後來在大三那年，家裡因為不可抗拒的因素，房子面臨差點被法拍的命運，因此迫不得已的必須搬家，從那時候起，「捨棄回憶」就成了每次搬家前令我最痛苦的事。每次整裡的時候都會很掙扎，這個也想留，那個又捨不得，結果什麼都丟不掉。後來終於下定決心趁著農曆過年前，每個鄰里都有公告一個可以丟棄廢棄物的時間，為了避免整理時的難過，我決定不再去翻動，而是直接的全都拿去丟掉。

在丟掉的前幾天的確還是滿難過的，但隨著時間流逝，那份難過其實沒有想像中的那麼嚴重。我想，當人們面對鉅變或失意的時候，很容易停滯沉溺在過去裡，每個東西都想把握，任何一景一物都有紀念價值，唯獨對於眼前的一切不想面對。就像黃金傳說裡垃圾屋的主人一樣，可能年輕時生命的彈性會比較大，但到了年老時要改變就需要很大的勇氣，所以當主持人一開始與他們接觸的時候，第一時間都會有一番掙扎與猶豫，但會掙扎就代表著心底還是有著一絲想要改變的渴望，缺的就是有人能夠適時的拉一把。

而且大部分的屋主在清理過後多是感激的，只不過同樣的也伴隨著一些感傷與孤寂，畢竟原本堆了滿滿屋子的回憶，竟然在幾天的清理後變得空蕩寬敞，不免會若有所失的惆悵。但是，被記憶包袱所佔據的人生是沒有辦法邁開步伐的，唯有勇敢的清掉它們，那麼空出來的重量與空間，才能讓我們輕盈自在的向前行去。

過得自在：

在日常生活中萬一不小心遺失了什麼東西的時候，我們時常會用「舊的不去、新的不來」來自我安慰。雖然這不過是一句超級通俗的生活用語，但我越活越覺得它的意義深遠。

尤其對於念舊重感情的人來說，舊代表了深厚的情感與價值，所以當然很難割捨，而且人腦畢竟不是電腦，不可能按下 delete 就能刪除。只是時間仍然繼續在走，或許我們可以讓它儲存在心靈的某個隱藏角落，但千萬不要讓它膨脹的佔據到現在的空間。

該丟該走的就勇敢的讓它離開吧！然後偶爾在某種時空情境的觸發下再把它拿出來懷念懷念，這樣就好！

9. 臉書裡的大明星

有了名氣就必須拿自在來交換，因為只有當別人都不認識我的時候，才能最自在的做自己！當爬上了人生的峰頂後，又有多少人能夠放下已經得到的一切，來換回真正的自在呢？

自從智慧型手機與臉書在機緣巧合下完美的結合後，「打卡」已經成為很多現代人每天非做不可的例行公事，吃了什麼飯、走了什麼路、看了什麼景、騎了幾公里的單車，舉凡生活裡的任何點點滴滴都能成為打卡的素材，什麼都能打，也什麼都不奇怪。

臉書的創辦人曾經說過，最初的發展概念就是抓住人性渴望被了解、被重視、想成名的心理，循著這個心態設計出讓每個人都能在社群裡成為自己的大明星，把自己的一舉一動被最多的人知道，再加上按「讚」的互動回饋，這樣就能夠享受沉醉在自我虛擬的準明星情境中。

在美國曾有一位大學生做了一個實驗，他把自己打扮成大明星的樣子，然後在熙來人往的大街上走著，身旁有保鑣幫忙開路，而且跟隨著一大群熱情的粉絲，並且還有好幾台攝影機緊跟著捕捉他的丰采。

於是原本就很熱鬧繁忙的大街上，因為他的出現而被聚焦了起來，很多路人紛紛拿起相機來拍照，而且馬上上傳打卡，還有人擠向前去要求簽名。

於是有人問：「他是誰啊？」

「一定是很有名的大人物啦！你看一大堆記者影迷跟著他，一定是了不起的人！」

「聽說他出的單曲超級好聽，在網路上被下載了幾十萬次呢？」

「對啊，超好聽的！」

「還聽說他的新電影馬上就要上映了，我看過預告片，超帥超好看的！」

於是有人再問：「你知道他是誰嗎？」

「喔，你這樣說我好像有印象，好像常常在電視上看到他！」

就著麼喧囂擾嚷了一陣子，這名假扮明星的大學生慢慢的遠離擁擠的人潮，搭了地鐵來到郊區的地鐵站，脫掉華麗的裝扮，回復到他本來學生的樣貌，而那些粉絲、記者、保鑣全是他做實驗的臨時演員，當工作時間結束，大家全都一哄而散……

「沒有攀不上的寶座，只有退不下的舞台」這是香港電影《華麗之後》的宣傳海報上畫龍點睛的兩句話。這是一部描寫藝人與經理人之間的微妙關係，劇中的女主角從沒沒無聞的平凡人，在超級經理人的精心包裝下變成了萬眾矚目的巨星，但卻在成名之後想過回以前平凡的生活卻不可得，於是有了一連串身心劇烈的掙扎。

有一段劇情是女主角在輕生後，經理人與她的對話。

經理人對她說：妳在沒紅的時候最大的願望就是想紅，巴不得全世界的人都知道妳是誰，可是紅了之後呢？卻倒過來恨不得沒有人認識妳，痛恨每天被狗仔跟的日子。妳們想要拍拖、逛街、吃飯、旅行，問題這些事妳在沒成名前不是每天在做嗎？

這個世界沒人能逼妳，妳享受走紅的生活，但是反過來是不是也該有所犧牲呢？並不是我抓著妳的手逼妳簽約的，妳這麼不想做大可以回去過以前的日子啊……

當然，百分九十九的人都是平凡如你我的市井小民，也許都曾有那麼一刻幻想著自己如果是大明星那該有多好，住豪宅、有百萬名車代步、被記者搶著專訪、登上萬人簇擁舞台接受喝采，但真實的情形是，有了名氣就必須拿自在來交換，因為只有當別人都不認識我的時候，才能最自在的做自己，但偏偏人性很貪，既想要擁有掌聲、名望、地位、錢勢、人氣，卻又想可以同時有著平凡人的自由，所以當爬上了人生的峰頂後，又有多少人能夠放下已經得到的一切來換回真正的自在呢？

名氣真的是個很有趣的東西，人們仰望它、追求它、盲從它，就像美國的那位大學生做的實驗一樣，眾口鑠金，當人們異口同聲都說他很有名的時候，通常就會距離真實越來越遙遠，這就是為什麼名人代言的產品一再出包的原因了。

也許我們也可以在平凡的生活裡做個實驗，就拿吃麵包這件事好了，試著先不要管是誰代言的、誰投資的、標榜了用什麼食材做的，就是用嘴品嘗，不受干擾的用心咀嚼，那麼這樣才比較有可能在自在中吃出屬於它原本的真正風味。

過得自在：

「有一好，就沒有兩好」，所以每一種狀態都有它說不盡的故事，那就好好的珍惜我們現在的平凡吧！它雖然味道很淡，卻很實在，如果偶爾還是想過過大明星的癮，那就趕緊到臉書上打個卡過癮一下，其實這樣就很好，不是嗎？

PART3 看得廣闊

鳥瞰自己，眺望遠方

先別急著爭、急著吵、急著下定論吧！
我們以為眼前看到的代表了一切，
很可能只是橫側高低的某個角度而已，
如果再把距離拉遠放近那肯定又是不同的一番景致。
試著看能不能先停下來，
然後把心的視窗升空高飛，
接著再把視角調到最大的來俯視自己，
也許就會恍然發現，
當時的爭執不過是狹隘的過度膨脹。

1. 我看到的是什麼？

橫看成嶺側成峰，遠近高低各不同；不識廬山真面目，只緣身在此山中。很可能我們自以為是的真理，不過是橫側遠近的某個角度而已！試著用最寬廣的角度打開心靈的視野吧？這樣的話也許很多的爭執就會變得微不足道了！

兩個武士在一處山林裡相遇，他們同時的看到樹上掛著一面盾牌。

「你看到了嗎？樹上有一面金色的盾牌。」武士說。

「我當然有看到啦，可是你可別胡說，那明明是銀色的，不要想騙我！」另一位武士反駁。

「你難道有色盲嗎？明明是金的，幹麼硬說成銀的？」

「強詞奪理，金就是金銀就是銀，這麼清楚的事，別在那邊硬拗！」

於是兩個人一言不合的就在山林裡展開激烈的決鬥，一陣子後仍分不出高下，但卻兩敗俱傷，當他們倒下前的一剎那，一陣強風吹向樹梢，盾牌因此掉了下來，這時他們才發現，這個盾牌一面是金的，一面是銀的！

在一場關於新聞究竟能不能做到客觀的座談會裡，有幾位採訪群眾運動的資深記者談到自己的經驗，他說當群眾與鎮暴警察被盾牌人牆隔開的時候，如果記者是站在群眾裡採訪的話，很容易不由自主的被群眾的氛圍影響，而覺得是警察過度的使用國家暴力在對付抗議者；但同樣的如果是倒過來站在警察這邊採訪的時候，就會覺得對方根本都是暴民，竟然毫無理智的攻擊維護秩序的警察；如果是站在大樓頂樓這種置高點來觀察的話，雖然看似可以綜觀全局，但卻因沒有身處其中反而會漏掉很多細微的部分，頂多只能夠拍拍幾張漂亮的照片而已。

於是與會的記者都說，新聞要做到客觀其實是很困難的，很可能因為記者所看的角度位置不同，而得到完全不同的看法，而且就算新聞現場的每個角度都架滿了攝影機，但拍不到的卻是人們心底的真正想法，所以只能夠在「相對主觀」辯證裡得到比較接近事實的輪廓。

想想我們日常生活的周遭時常會為了「我才是對的」的立場而爭得你死我活，

尤其這幾年來台灣陷入不問是非的藍綠惡鬥中，有些家人朋友同事竟然為了顏色立場吵得不可開交，甚至嚴重到互不往來，所以每到選舉前就像是一場噩夢一樣。

也因此，每當出現了這種各執己見、爭執不下的紛擾時，我都會想起這段：「橫看成嶺側成峰，遠近高低各不同；不識廬山真面目，只緣身在此山中。」

這是蘇軾所寫的七言絕句，字面上的意思是在寫從各個角度觀看山嶺的心得，而後兩句很有意境的道出了不識廬山真面目的原因。**為什麼會看不清廬山真面目呢？原來正是因為身處其中，所以反而只能看到最有限的部分**。

我們以為眼前看到的代表了一切，很可能只是橫側高低的某個角度而已，如果再把距離拉遠放近那肯定又是不同的一番景致。所以，先別急著爭、急著吵、急著下定論吧！試著看能不能先停下來，然後把心的視窗升空高飛，接著再把視角調到最大的來俯視自己，也許就會恍然發現，剛才的爭執不過是狹隘的過度膨脹，就像寓言裡的兩個武士一樣，原來不過是盾牌的正反面顏色不一樣而已。

看得廣闊：

如果我是對方的話，我會做出不同的決定嗎？如果不會的話，那麼彼此的爭執會不會就只是立場而已。因為從自己的角度看對方就只能看到某個侷限的面，同樣的對方看自己也一樣。

如果您跟我一樣是生活在擁擠的都市裡就會發現，我們抬頭所看到的天空是多麼的有限。從窗戶望出去，時常是被綿密的建築物擋住只剩下小小的一個畫面，走在路上仰望看到的也是人造的「一線天」，所以很可能從這個方向的窗戶看出去的天空烏雲密布，另一個方向又有陽光露臉，但它確確實實的同一片天空不是嗎？

所以，天空依舊是那麼的寬闊，從來不曾改變，不同的只在我們能用多大的眼界來看它而已！

2. 菜鳥老鳥大輪迴

如果現在的自己是處於老鳥的人生角色時，那就千萬不要忘記一路走來的艱辛。不論當下的我們所扮演的角色是老鳥還是新兵，都應該多運用同理心的幫對方著想才是，因為我們都在大輪迴的轉盤裡，因與果的循環誰也逃不掉！

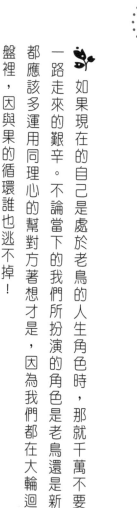

記得我當兵剛下部隊的時候，同梯的一位袍澤在各方面的表現總是慢半拍，也就是所謂的「天兵」，不但被老鳥不當管教，更被全連排擠，好幾次鬧自殺，弄得連上的長官相當的頭疼。

當過兵的人都知道，同梯次的弟兄總有一股革命情感，因此當時非常同情他的處境，不但時常暗中協助他，私下更變成他的心靈垃圾桶。那時我不能認同部隊這種老兵欺負新兵的陋習。只是，形勢比人強，那時只是個小小的二兵，沒有能力改變什麼，只能安慰同梯咬緊牙關撐下去，而且我們還發願等我們變成老鳥的時候，一定要將心比心善待新來的菜鳥。

時序推移，恐怖的學長一個個退伍，新兵則是一梯梯的進來，很快的我們也離退伍越來越近了！說也奇怪，升上上兵之後，我就常常聽到同梯以老鳥之姿對著菜鳥們咆哮並且口出穢言，嚴然像是被以前欺負他的人附身一樣，甚至連語調、台詞都是那麼的熟悉，而且還聽說菜鳥給了他取了一個「新兵殺手」的封號，頓時間讓我有時空錯置的感覺！

後來私底下跟他聊這件事，我說何必對新兵這樣呢？你忘了以前我們怎麼走過來的嗎？沒想到他說，就是因為之前熬得那麼辛苦，好不容易現在可以為所欲為的教訓新兵，不好好享受，退伍了就沒機會了！

後來成了社會新鮮人，最常聽四、五年級的前輩罵我們說，真是一代不如一代，現在的年輕人抗壓性低、沒耐力又愛抱怨，真不知道他們以後怎麼辦！當時聽到這些話其實心中很不以為然，但也只能忍在心中。

時間很快的過去，七年級的晚輩也進入了職場，物換星移，過去被前輩嫌到不行的我們，終於有晚輩可以教訓了，於是就把以前被前輩教訓的那些話原封不動的拿來數落「草莓族」，說他們像草莓一樣只是外表華麗，但是嬌嫩得一碰就碎，不過是虛有其表而已。

時常我觀察到大家是越說越興奮，可是反過來想想，**過去我們被人數落的時候也是滿肚子的委屈不平，也希望長輩能夠多些鼓勵，少些嘲訕，但是當我們也變成前輩時，還不是用同樣的方式對待晚輩。就像我的那位同袍一樣，換了位置和腦袋，完全是媳婦熬成婆的心態作祟罷了！**

曾經成為話題的「雞排博士」，一度被郭台銘質疑浪費教育資源，不過卻因此聲名大噪，生意突飛猛進。但也許很多人會有同樣的疑問，為什麼千辛萬苦讀到博士，但最後去賣雞排呢？

雞排博士在一場演講中提到：**脫離了原來的軌道、不學以致用後才知道世界的模樣、對人生有了新的認知，如果重新選擇，不會去讀博士。**他還說，其實會讀到博士是被整個大潮流推著走的，想要逃避兵役跟就業壓力才會一路讀上去，其實並不是真的想唸書。

我想這番話應該是很多高學歷者的心情寫照，因為自從高等教育的窄門放寬之後，向上升學要比就業容易的多，但多年下來的結果是，碩博士的數量多過就業市場的需要太多，那麼很自然的就會無法找到學以致用的工作。

所以，只要轉換一種人生角色，就有可能再變成菜鳥從頭學起，但不論在當下的角色是老鳥還是新兵，都應該運用同理心的幫對方著想才是，因為我們都在大輪迴的轉盤裡，因與果的循環誰也逃不掉！

看得廣闊：

因為全球化的浪潮席捲，整個世界的變化快得超乎我們想像，一份工作、一個專長、一種履歷、一張文憑，很可能努力耕耘了多年的某種成果，會在短短幾年的時間裡變得一文不值，而被迫必須重頭開始。

當然很多社會賢達會以自己成功的經驗發表一些批評或看法，就像郭董對雞排博士的批評，或是王品董事長戴勝益提出的月收入低於五萬不要儲蓄等等的說法。但每個人遭遇的處境並不相同，所以成功人士的方法不見得適合套用到每種情形裡，倒是願意從新當個菜鳥重頭來過的勇氣，我是打從心底佩服的。

所以如果您現在是處在老鳥的角色時，記得別吝嗇的多給菜鳥一些鼓勵才對！

3. 敵人、對手與仇人

如果我們用廣闊的心來看待敵人的話，那麼敵人就會是個可以激勵自己的對手；但如果執意要用狹隘的心，那麼敵人就必定會變成仇人而且永遠揮之不去。

聖經裡有一句話說：「要愛你的敵人」，我覺得這真的是一個太高、太難的境界！而且，應該沒有人會喜歡「敵人」這兩個字，像是情敵、政敵、商場上的宿敵、運動場上的對手……一聽到這些就讓人恨的牙癢癢的。因為敵人一定是負面的，是人生路上的絆腳石，所以直覺上的第一個反應一定是要打敗它、殲滅它！

但是如果我們來個逆向思考的話，要是運動場上沒有競爭對手的話，那麼怎麼可能激發出超越巔峰的成績呢？如果全世界只有一個手機品牌的話，那麼還有可能不斷的研發精進、推陳出新嗎？如果一個國家沒有幾股政治力量相互較勁的話，那不就回到一言堂的獨裁寡頭時代裡！

英國著名史學家艾克頓曾說：「權力使人腐化，絕對的權力使人絕對的腐化！」這句話的意思是，人們都渴望得到權力，因為唯有打敗了敵人成為勝利者才能獲取權力，成為分配資源的主導者。但弔詭的部分就在這裡，當人們醉心權力，迷戀權勢的時候，權力卻不知不覺的使人心腐化。而且如果敵人已經被擊敗了，那就不必把它放在眼裡，然而，**正是因為失去敵人，才會導致絕對的腐化而一步步走向敗亡！**

民主制度的設計正是洞悉了權力使人腐化的鐵律，所以建立了執政、在野相互制衡的運作方式，也就是在定期選舉裡獲得多數的政黨就成為執政黨，少數的就成為所謂的「反對黨」。反對黨的最重要任務就是反對，變成權力者合法的敵人，這樣才能讓執政的權力者時時警惕、戰戰兢兢！

當然台灣現在很多人會厭惡朝野的惡鬥與政治口水，而且藍綠不管換誰輪替主政，貪腐、弊案卻還是接連發生，因此會對民主感到有些失望。但我覺得如果換個寬廣角度來看這個現象，正是政敵間彼此的揭露對方的惡行惡狀，以及媒體與司法對權力者的鉗制與監督，才讓一切醜事攤在陽光下讓我們看見。

若是沒有施行民主，就會只由一股政治勢力獨攬權力並剷除異己，也許表面上看起來很有效率且很有秩序，但是絕對的權力導致的腐敗依舊會在檯面下赤裸的發

生著，但因為沒有敵人的牽制反而會讓弊端難以見光，以至於最終導致難以挽回的敗亡！

再把視野延伸到國與國之間的競爭。不知道您對鄰近的韓國這個國家的第一個感受是什麼？很可能先想到的是韓劇、騎馬舞、samsung、整形、泡菜……等等。如果負面一點的可能就是運動比賽上的無所不用其極，或是聲稱什麼孔子、孟子都是他們國家的，而且在各個領域處處與我們為敵的印象……

大概四十歲以上的人，都歷經過與韓國相互競爭且互有領先的時代。曾經韓貨就是爛貨的代名詞，就像過去 made in taiwan 在西方人的嘴裡是存著輕蔑的意思一樣。但曾幾何時，台灣與韓國各自都在工業與電子產品的精進上有了傲人的成果，如今 made in taiwan 已經是品質保證，而三星在智慧型手機裡還打敗了美國的蘋果成了市佔率最高的手機品牌。

而其實年輕族群因著韓劇與 3C 產品的大舉入侵，普遍對韓國並沒有太大的敵意，甚至有很多還是「哈韓一族」，他們生活裡的食衣住行育樂已經與韓國有著密切的連帶關係。

但年齡稍長的人的確對韓國有著複雜的情緒，因為彼此像是永遠甩不掉的競爭敵人，而且曾經還是我們的手下敗將，但現在在很多領域我們卻都被他們超越了，所以心裡當然百味雜陳不是滋味！

我就觀察到有不少長輩只要一提到韓國，像是聽到有人到韓國旅遊、用韓國手機、看韓劇追韓星，就會露出嗤之以鼻的態度！當然愛用國貨支持本國產品絕對值得鼓勵，但在面對這個如此強勁的敵人，我倒覺得應該用更寬闊的心態去欣賞這個對手，學習他們從困境中堅定求勝的意志，而不必抱著情緒性排斥的敵意，那麼我想這個對手一定能夠給我們正面的激勵作用，也許在不久的未來我們還可以再超越它說不定呢！

看得廣闊：

其實敵人就像《少年Pi的奇幻漂流》的主角所面對的情形一樣，他因為意外的船難必須被迫與一隻孟加拉虎（理察．帕克）在海上漂流。而在求生的精神緊繃壓力下，Pi利用了一些能夠漂浮的器具，製造了一個小的漂浮筏，並且用繩子把漂浮筏跟小救生艇繫在一起，然後逃到小漂浮筏上。

同時他還試圖用一邊吹哨子、一邊搖晃船的方法來制約牠。有時候則是拿著棍子，瞪著兇猛的理察．帕克，努力的想辦法來與牠周旋，為的就是要取回生命的主導權。但漸漸的，Pi反而習慣了牠的存在，於是Pi有一段OS說：「如果不是理察．帕克，我一個人能夠有這麼堅強的意志在海上搏鬥這麼久嗎？」

我覺得這段OS真的發人深省。也許，如果我們用廣闊的心來看待敵人的話，那麼敵人就會是個可以激勵自己的對手；但如果執意要用狹隘的心，那麼敵人就必定變成仇人而且永遠揮之不去。

所以，究竟敵人是「對手」還是「仇人」，那就看我們自己怎麼選擇了！

4. 誰吵贏，我們就輸了！

吵架要兩個人才吵得起來，但停止爭吵只要一個人就能辦到！而且就算吵贏了又如何呢？除了增加不必要的裂痕之外，短暫的快感其實並沒有帶來任何正面的東西。

在距離我的住家附近有一個狹窄的巷弄，因為道路面積寬窄不一，又沒有規劃成為單行道，因此相反方向的車輛時常必須倒車到較寬的地方才能夠順利的會車通過。

只不過，當兩車狹路相逢到完全無法通過的時候，到底是哪一方該退呢？一般來說，雙方的駕駛人會衡量比較寬的空間在哪一邊，就由那一方倒車，這是一種不可言喻的默契與經驗，並不是教練場或是駕駛課程所能夠傳授的。

但我就遇過幾次因為雙方都不願意退而僵在那兒，有一次是一輛計程車與一輛貨車，雙方相遇後先是停在那兒，然後各自比手勢的要對方退，但彼此都沒有動靜，接著卡車認為計程車那邊的空間比較寬，應該是他退才對，但卡車司機又比了一次手勢示意要對方退，就這麼比來比去的。

後來卡車司機不耐煩的按了喇叭，計程車司機不甘的下車理論，於是雙方當場吵了起來：

「叫你退你是聽不懂啊！」

「我每天都走這條路，每次卡在這裡都是對方要退，你那邊比較寬是沒眼睛不會看嗎？」

「我是卡車這麼大台，退了你還是過不去啦！」

就這樣僵持了五、六分鐘，結果後面的車越排越長，後來還是巡邏警察前來調停，然後指揮計程車退個一百公尺就解決了！

當然，這只是兩個陌生人在巷弄裡的一段爭執而已，但若是放諸到我們尋常的生活當中，有很多爭吵是不是跟這兩位駕駛人很類似呢？其實，不管是卡車還是計程車，**只要有一方先退了，自然就不會僵在那兒了，但就是沒有人肯先低頭。也許因為先低頭就意味著自己輸了，偏偏沒有人喜歡輸的感覺，所以很多旁人看來是雞毛蒜皮的小事，但當事人卻可以鬧到不可開交而難以收拾。**

尤其，生活中越是親近的人，越會希望說服對方接受自己的想法而發生爭吵，發生在我自己身上的例子是，近幾年來我與父親對政治上的看法逐漸產生了差異，所以在一起看新聞的時候常常發生意見相左的情況，有時候雖然彼此並不想挑起爭端，但不知不覺就會越講越激動了起來，總想說服對方自己的看法才是真理，但在爭吵過後，我總是十分的後悔，因為就算吵贏了又如何呢？除了增加不必要的裂痕之外，短暫的快感其實並沒有帶來任何正面的東西。

「吵架要兩個人才吵得起來，但停止爭吵只要一個人就能辦到」這句話雖是老生常談，但非常有道理，所以我與父親間也慢慢的學會既然知道雙方的意見會不同，那麼迴避談論就好了，何必一定要爭的面紅耳赤呢！

當然，像政治上的意見不合還可以避開不談就好，但如果是對實質生活裡柴米油鹽醬醋茶的價值觀發生衝突的時候，那就不是迴避就能解決的，因此常聽到很多夫妻婚前愛得死去活來的，但婚後卻會為了很多瑣事而吵得不可開交！

於是我想起了有一對銀婚夫妻被記者問到可以白頭偕老的祕訣是什麼呢？該怎麼避免爭吵與衝突呢？他們的回答是：

「爭吵很難避免，是因為相愛才會爭吵，但千萬不要為了想吵贏對方而口不擇言！」太太說。

「是啊，吵贏的快感其實很空虛，伴隨而來的其實大部分是後悔，但又會因為面子而拉不下臉道歉，這樣的惡性循環真的很不好！」先生說。

「吵架只是逼我們說出心底真正的感覺，是一種沒有掩飾的溝通方式，但吵歸吵，就是沒有必要像比賽那樣的硬要分出勝負！」

「對啊，如果有誰吵贏了，那我們不就輸了嗎！」

看得廣闊：

紐約大學的科學家曾經針對人腦對輸贏的感覺做了一個實驗，找了十七個人讓他們玩一場競標遊戲，玩完之後，無論是贏家或是輸家都送入腦波室進行 fMRI 的腦部掃描。接著再讓他們玩一場樂透遊戲，然後再把贏家和輸家送到腦波室掃描，結果兩次的掃描結果都清楚的顯示，在腦部負責掌管回饋與成就感的 striatum 部位，輸家有著非常明顯、誇張的反應，但贏家卻沒什麼太大的波動。

也許這個研究能夠給我們在人際相處間當作一個參考，原來想贏時常只是怕輸的大腦反射而已。當然不可否認的，人類因為想贏的動力而推動了進步，如果失去了求勝的意志，那麼人類大概只能永遠的原地踏步，但唯獨在與人相處的智慧裡，不要怕輸，這樣彼此才能夠創造出雙贏的和諧關係。

我想，這比任何形式的勝利都要值得珍惜，不是嗎？

5. 幫助那些幫助他們自己的人吧！

給予的本身就能夠驅走黑暗迎向陽光，我們不該讓「人性本惡」的防弊思維凌駕於「人飢己飢」的悲憫之上。

時常在夜市裡，或是走在人潮眾多的台北街頭（西門町或是東區商圈一帶），會看到很多坐著輪椅的行動不便人士，賣著一些像是面紙、牙線、抹布、口香糖等生活用品！等紅燈的時候，也會看到快車道上穿梭著賣玉蘭花的人，於是我就和朋友同事討論到如果見到這樣的情形，自己會掏出錢來幫助他們嗎？

有朋友說：「面紙一條十包賣一百塊，實在太貴了，到大賣場買還比較划算！」

同事說：「聽說那都是有集團在控制，搞不好跟本就沒有殘障，說不定是騙人的！」

也有同事說：「每次遠遠的看到都覺得好尷尬，如果可以的話會站遠一點或是乾脆繞路會比較自在！」

另一個街頭場景則是發生在捷運站附近，像是忠孝復興站附近的百貨廣場，時常可以看到穿著橘色背心的人，手裡拿著封著塑膠膜的雜誌時而喊著：「大誌雜誌！大誌雜誌！」

我一開始有個疑問是，這是什麼新發行的雜誌在做促銷贈閱嗎？但是到書店便利商店也沒有看到，而如果是新上市的雜誌又為什麼要用這樣的方式來販售呢？終於敵不過我的好奇心，我向前跟銷售人員詢問，才知道這是販賣的雜誌，售價每本一百元。翻開後慢慢閱讀才發現，這是一本提供給無家可歸者和短期安置的人們，讓他們有機會透過銷售雜誌給一般公眾來獲取合法的收入的雜誌。於是我又上網詳細的查詢了一下，原來這本名為 The Big Issue 大誌雜誌創始於英國倫敦，自一九九一年成立至今已經達十八個年頭，雜誌內容含括時事、社會議題及藝文資訊，並於二〇一〇年四月一日在台灣正式創刊。

他們的宗旨是，「幫助那些，幫助他們自己的人」，也就是讓所有有意願工作的街友或社會弱勢的人們，能夠得到一個自營生計的機會，讓他們能夠藉由雜誌的販售，重建個人的信心與尊嚴，進而重新取回生活的主導權。

今年的元旦，新北市政府首創了一項名為「幸福保衛站」的社會救助措施。

不限戶籍，不問身分是否清寒，也不用繁瑣審查，讓全市近兩千家超商門市，都成為飢童的緊急供餐處。

這個消息一出，當然是正反兩極評價不一，而被討論最多的就是，會不會有人留假資料，明明家裡衣食無缺，但卻利用不需事前審查的政策死角到便利商店吃免費餐，而造成社會資源的浪費。

但兩難的是，這個政策就是要補足社會救助裡冗長與繁瑣的資格審查、公文障礙所造成的緩不濟急，讓真正已經走到懸崖邊的弱勢貧童，能夠在最關鍵的時刻不至於走上歧途。

支持的輿論論點認為，不應該讓「人性本惡」的防弊思維凌駕於「人飢己飢」的悲憫之上。只要填單，就能飽餐，縱使有人留下假資料，不論是出於佔便宜或不願曝光的自尊，代價也不過八十元，卻有重建社會信任、突破官僚文化的重要意涵……

曾經在某公益團體的月刊裡讀到一個故事：

有一個運動員千辛萬苦參加一項比賽，因為成績優異而獲得一筆獎金後，遇見一名女子對他說：「我兒子因為重病住院，而且你是他心目中的英雄，可是現在我連醫藥費都付不出來！」說著就哭了起來。

選手眼見女子處境堪憐，於是把剛獲得的獎金給了女子。不料幾天後該女子的詐騙行為被踢爆，原來根本就沒有什麼男孩病重，選手其實是被騙了，那個女子根本就沒有小孩！

當記者訪問選手時，沒想到他說：「真是太好了，根本就沒有男孩病重，這是整個事件裡最好的消息！」

這其實是一個勉勵人們不去計較付出的故事，但一刊出後馬上有讀者好意的提醒該刊物不要再刊登類似的故事，以免助長詐騙事件一再的發生。

我時常在想，面對社會周遭一些弱勢需要幫助的人，我們究竟抱持著什麼樣的心態呢？這些年來的確因為詐騙集團橫行，不知不覺讓我們的心冷漠了起來，於是彼此之間築起一道道高聳的心牆，用心計較的防備著周遭的一切。

所以當在街頭上遇到那些瀕臨邊緣的弱勢者，很可能在心牆裡的我們會有一種太直接又太赤裸的反差，再加上害怕受到詐騙，所以內心深處其實是希望這些都是假的，這樣的話我們的心底才會好過一點。

所以有很多朋友們都是直接捐給一些頗有名聲的慈善團體，這樣才會放心的確保自己的愛心不會落入了詐騙集團的手裡。但是會不會也因此讓愛心的資助集中到少數的團體呢？而有很多馬上就要掉下懸崖的人，就算我們從他的身旁擦肩而過，卻因為害怕可能受騙，而錯失了直接助人的機會。

看得廣闊：

在世風日下的風氣裡，想要單純的對弱勢者伸出援手，還真不是一件容易的事！沒錯，防人之心不可無，要用什麼方式表達愛心，每個人有自己的做法，更無所謂對錯。但我還是覺得，不該讓黑暗封閉了我們迎向陽光的心扉，也就是在沒有負擔的可行範圍內，小額的給予周遭需要幫助的人一絲絲的機會，就算有些是假的也不至於造成自己太大的損失。

因為給予的本身就是一道曙光，它能夠驅走黑暗燃起溫暖，就像故事裡的運動員一樣。

6. 顛倒一下又何妨

在看似一成不變的生活裡去尋找可以做些改變的事，例如換個方向走自己不曾走過的路，或是顛倒自己的生活時鐘，在不一樣的時間去做平常例行會做的事。這樣才有機會讓陷在慣性生活裡的自己，有機會擁有一段新鮮多采的生活遊歷！

臉書時常能讓失散多年的朋友久別重逢。兩年前意外的在臉書上找到了過去我第一份工作所認識的同事，當時我們都是剛退伍的菜鳥，同時的進到那家公司，所以特別有一份革命的情感。後來我因為另有其他的生涯規劃所以就先離職了，在事隔十多年後，這位失散多年的老同事依舊待在那間公司，而且也已經晉升到高階的主管階層。

我們見面後互相聊起這些年的工作心得，也聊起當時一起工作的點點滴滴，聊著聊著他竟然感嘆了起來說：「十幾年都待在同一家公司，雖然待遇、頭銜與福利都很不錯，可是說真的，久了真的是會倦怠的，而且待越久就越怕轉換環境，如果不趕快做出抉擇，這輩子大概只能從一而終了！」

聽著老同事的有感而發，於是我們討論著不同的人生際遇所遭遇的難題！我大概能夠想像長年都待在同一家公司，面對同一個環境，總是處理類似的問題，久而久之就像失去新鮮感的老夫老妻一樣，因為太熟悉而陷入了僵化無味的氛圍中！

可是現實的重量卻是那麼的真實，要毅然決然的放棄現在所擁有的頭銜與待遇真的不是那麼容易的事。所以，面對他的困境我也實在提不出什麼好的建議，只能安慰他說在這個變動不確定的年代，有一個可以久待又能升遷的公司，應該大部分的人都會羨慕到不行吧！

後來我們又隔了將近一年沒有見面，再碰面後發現他的氣色好多了，也沒有一見面就拚命感嘆抱怨職業倦怠的事，反而是眉飛色舞的先聊起了他現在每隔一陣子就會嘗試換一種新的方式到公司上班，過去一直很堅持一定要開車上班，但偏偏常常因為遇到塞車或是停車問題，而把自己弄得心浮氣躁，於是嘗試搭搭捷運也不錯，也試著趁下班比較輕鬆的時候騎單車回家，還曾經走一段路再轉搭公車，而且還會偶爾換條不同的路線走走看，留意著不盡相同的城市風光！

看著他說的興致勃勃實在不好意思打斷，但等到聊到一個段落後，我還是好奇的問他：「你真的換工作了嗎？」

「沒有啊！」

「可是……看你的心情這麼好，所以已經調適過來了嗎？」我問。

「可以這麼說啦！」他答。

我一方面很替他感到高興，但也疑惑的問：「你是怎麼調適的呢？」

「就是我剛才說的啊！」他答。

原來他說一次在失眠的夜裡無意間打開廣播收聽，恰巧聽到節目裡正在討論有關職涯規劃與工作倦怠的問題，談著談著來賓提到就算暫時無法改變工作的環境，也必須想辦法讓自己不要陷入慣性的思考模式中，也許就在平常看似一成不變的生活裡去尋找可以做些改變的事，就像試著走自己不曾走過的路，或是一個月一、兩次的把原本慣性的生理時鐘打亂，嘗試在不同的時間去做平常例行會做的事。比如假設平常習慣早起運動的人，可以試著找一天晚上運動看看；夜貓族習慣晚睡看午夜場電影的人，試試起個大早看早場電影看看……

老朋友他聽了之後覺得滿有道理的就姑且試試看吧！結果他說這的確是個成本最小的生活練習，像他有一次換個路線騎單車回家結果迷了路，問路找路花了二個小時，回到家都已經八點多了。雖然多花了一些時間，但心情上卻有種脫離出逃的刺激感，反而讓陷在慣性生活的自己有了一段新鮮多采的經歷！

看得廣闊：

類似的道理過去我好像也曾聽聞，但都沒有身體力行的實行過。我很同意人隨著年齡的增長越來越容易掉進習慣僵化的陷阱裡而害怕做些改變。

我平常是個習慣晚睡的夜貓族，總覺得夜裡的寧靜能讓人變的敏銳，而且很喜歡挑週五的深夜去看午夜場的電影，享受散場後漫步在寂靜街燈下的空靈自在。但聽了老友的經驗談後，我於是嘗試做個顛倒的實驗，選在週六起個大早，先到河濱步道去跑個步，然後到早餐店悠閒的吃個早餐，接著再選一家從來沒去過的戲院去看個早場電影，散場時正是才開始熱鬧喧囂起來的週末中午時分，這樣的感覺真的很不一樣。

正因為平常自己很少在這樣的時間活動，所以雖然只是一個週末的上午，活動的地點也只是在原本就生活著的城市裡，但因著時間與空間的顛倒變化，所觀察接觸到的城市景象卻是那麼的不同，更讓自己的思考與感觸有了更廣闊的空間。

也許太大的改變，我們很難不顧現實的輕易決定，那麼就從小小的改變開始去做吧！也許很多困擾在心頭的難題就會慢慢的迎刃而解，就像我的老朋友一樣！

7. 永遠不怕再踢下一球

我都幾歲了？如果真的完成那件事，大概那時候也已經老了吧！可是，如果現在不去做，到老的時候一定會後悔啊！那不如就從現在開始吧！

在部落格上看到一位三十歲的網友留言說：

前幾天參加同學會，大家聊起近況後，發現有人賺了人生中第一個五千萬，有人生了第一個小朋友，有人還在唸夜間部！而我還在還貸款、騎機車、沒女友，有人結婚又離婚，當然也有同學死了！究竟誰是成功，誰算失敗呢？唉呀，至少我還活著，把握時間吧！有夢就去做，因為你永遠不知道「明天」與「意外」意外哪個會先到！

其實這位網友才三十歲，還算很年輕，很多事就算從頭開始都還不算太遲。但是如果把時間往後延伸，四十歲、五十歲、六十歲的時候又會是什麼光景呢？

幾年前有一本暢銷書提出了「C型人生」的概念，也就是人們不再循著既定生活次序，過著從出生、受教育、工作、結婚、生子、退休、死亡的「線性」生活模式，而是將生命視為C型（cycle，週期、循環）——不論事業、婚姻或愛情，都可能在人生不同階段，重新開始。

也就是說，人生不再是一條直線，而是充滿著重新開始的可能，譬如說在三十五歲重回校園，五十二歲創業，四十五歲成家，七十六歲開始談戀愛……一個循環（Cycles）過去，又來一個循環（Cycle），把「年齡」的決定權降到最低，讓「再造」的動態思維來活化生命的週期。

而被討論最多的就是，人生到底能不能重來？但不可否認的，有很多事錯過了就已經不能回頭，就算能夠從來，也已經不是當時的味道！況且每個人的社會經濟資源立基都不相同，所擁有的條件也不會一樣，職場上對年齡所衍生的門檻還是活生生的存在著，所以不見得人人都可以有重新創業、重回校園、再成家、再戀愛的機會與因緣！

但這麼說並不是否定C型人生的概念，而是在時間的軸線裡，人生旅程當然只有單程不可能有回程票；如果在巨觀的與宇宙現象裡，人的生命也必然是一個線性的過程，不管醫學如何發達、基因可以如何的改造，生、老、病、死還是再自然不過的！所以當我們認清了時間的線性所給我們的客觀制約後，反而更能夠以入世寬廣的角度來詮釋 Cycle 所帶來的正向價值。

聊一個小故事：

世界球王比利在二十多年的足球生涯裡，共踢進一二八二個球，並創造過在一場比賽中射進八個球的紀錄。他的精湛球技得到廣大球迷的肯定，當他個人的進球滿一千個的時候，有記者問他：「您覺得自己這些年來的表現，哪個球踢的最好呢？」

比利微笑著說：「下一個。」

看過這個小故事後，我覺得比利給了 C 型人生下了一個最好的注解，那就是不管先前一千個球踢的如何，最重要的、最必須全力以赴的還是下一個。當然人生中所遭遇的事不會像踢足球那樣的簡單，但只要我們願意，不管年齡幾歲，不管之前是多麼輝煌還是落魄，人生永遠有重新定下圓心，展開半徑，再畫出一個新圓的勇氣與意志！

想想看，時間是不是不只在我們的臉上留下痕跡，更在心中刻下了無奈的皺紋，漸漸的變成已經習慣於走一樣的路、抱怨同樣的事、一直後悔著沒有去做的後悔，也許曾經有那麼一個意念想要做點什麼的時候，心底馬上有股聲音告訴自己：「我都幾歲了？如果真的完成那件事，大概那時候也已經老了吧！」於是就這麼的日復一日……年復一年……

所以我一直覺得「有些事現在不做，一輩子都不會做了！」是一句很激勵人心的話語。沒錯，有什麼想做的事，或是明明知道現在不做，以後一定會後悔的事，那就從現在開始吧！

不必是什麼多偉大多了不起的事情，因為很多看似微不足道的小事，只要我們勇敢去做，此刻就會是Cycle的起點，那麼我們的生活就會在這個新的循環中有著意想不到的改變！

看得廣闊：

「有一天，當你八十歲，還有多少做夢的勇氣？他們，平均八十一歲，心裡還做著十八歲的夢。去年秋天，他們決定不老，騎上摩托車環島！那是一種不老的精神，關鍵不在年紀多少，也不在時速多少，而是踏實築夢的毅力。」這是紀錄片《不老騎士－歐兜邁環台日記》的一段介紹文字！

這部電影當時獲得相當廣大的迴響，我想是它激勵了我們不該再替膽怯與退縮找藉口，因為追逐適合自己的理想不該是年輕人的特權，勵志故事更不是拿來哄哄小孩子的童話而已！

也許每個人的圓心與半徑都不相同，但只要還有勇氣燃燒熱血，那麼我們一定能夠築出屬於自己的踏實人生。

8. 厚道對我有什麼好處？

對方理虧時我們要求合理的公道是天經地義的，但如果一味的陷入價格上的權益爭奪，同時的也會失去了人性裡難得的敦厚與良善。也就是當自己處在理直的時候，會怎麼反應並對待理虧的那一方，這才是真正的考驗一個人生命視野高度的時刻。

看到一則報導是一位在餐飲業服務十多年的資深幹部談自己在職場上的親身經歷，他提到：

幾年前在某家五星級飯店擔任領班的時候，親眼目睹一位菜鳥新人將一杯調酒傾倒在托盤，繼而噴濺到女客人的衣物服飾後，儘管立刻送洗衣物以及不斷的道歉卻都沒用，女客人仍舊要求賠償，而付出的代價竟然高達二十二萬……至於那位肇事的新人必須負擔三分之一的費用，也就是七萬多元，想當然，後來那位新人還清費用後，再也不願從事這份工作。

而這位資深幹部也回憶起自己十多年前第一次打翻東西的往事：

當時一杯頭重腳輕的冰啤酒在我的慌亂中，撲一聲倒在托盤裡，然後一股腦兒全滑進客人的領口，就像一道金黃的小瀑布，就在那一刻我的思緒也像打翻的啤酒般的流洩出去！

那時的副理連忙道歉，並用乾布擦拭客人的頸和手，接著要我到吧台取新鮮柳橙汁給客人消火。結果，當我把柳橙汁和道歉慎重擺在客人面前時，客人笑了，其他目睹一切的客人，也開玩笑的要我把啤酒倒進他們領口，因為可以得到一杯免費果汁……

類似的情形，卻是兩個完全不同的遭遇後，這不禁讓我反思起來，如果是我，或是可能跟自己一起同桌吃飯的親人或朋友遇到這樣的狀況，會是什麼反應呢？

隨著社會風氣開放，這些年來消費者意識日漸抬頭，再加上使用網路與媒體的爆料平台已經相當普遍，因此對於罔顧消費者權益的不肖業者一般都敢勇於爭取自己的權益，其實這對消費品質的大幅提升確實有正面的貢獻。

但是，當我們懂得據理力爭的時候，有沒有同時從這當中理解到寬容與厚道的可貴呢？就像這位幹部的遭遇一樣，他說如果當時那位客人刻薄的要求賠償，開出一大堆條件，那麼後來的自己也許很難充滿熱情的繼續從事餐飲業，所以他說那位原諒自己的客人其實是他生命中的貴人！

同理，當別人犯錯時，不知道我們是否願意給別人一次機會？也許，我們的寬容可以改變犯錯者的一生！

時常在新聞裡看到社會上的一些微小紛爭，很多雞毛蒜皮的小事卻最後鬧上媒體版面，甚至法庭相見，但細看爭執的內容其實都不是什麼大不了的事，卻因為不願意用寬廣深厚的心來看待，結果除了讓傷害拉深加長、傷人也傷己外，什麼也沒有得到！

於是我覺得，當一個人在犯錯理虧時，姿態可以放得很低當然是一個很好的態度，但當自己處在得理、理直的時候，會怎麼反應並對待理虧的那一方，這才是真正的考驗著一個人生命器度的時刻。

沒錯，當別人理虧讓我們權益受損的時候，當然我們可以選擇「理直氣壯」、

「得理不饒人」，因為對方理虧時我們要求合理的公道是天經地義的，但如果一味的陷入價格上的權益爭奪，同時也會失去了人性裡難得的敦厚與良善。

就算最後捍衛並爭取到百分之兩百的權益，但卻受困在反射式的刻薄人生觀裡，想想看值得嗎？

看得廣闊：

「得饒人處且饒人，算了吧！做人還是厚道一點比較好啦！」甲說。

「厚道？那我問你厚道對我有什麼好處呢？」乙答。

這段短短的甲乙問答很有趣的凸顯用什麼視野來看事情的器度！的確，如果在狹義的時間方塊裡來看，厚道真的不會有任何好處，還很有可能在當下失去奪回大於受損利益的機會。

記得社會新聞曾經報導，法律系的大學生撿到單親媽媽的皮包，竟開口向這位單親媽媽要求百分之三十的報酬。但單親媽媽表示這是一家三口的生活費，希望能手下留情，連派出所員警也幫忙向女大學生求情，沒想到女大學生卻回答：「要回去問學校老師可不可以這麼做！」

因為民法第八〇五條規定，拾獲人可在六個月內請求報酬十分之三，若對方未給報酬，拾獲人就對遺失物有留置權，因此警方也無可奈何。所以，依法論法，大學生當然有權這麼要求，但除了「法」之外，「情」與「理」是不是也該納入自己的生命課題裡細細思量呢？很可能，寬厚與狹隘、目光如豆與目光如炬的分別就在這裡了！

PART4 品味深刻

願意用心，它就存在

哪怕專家可以說得口沫橫飛、斬釘截鐵，
但那都是別人的意見，
不會變成自己的體悟。
所以只要是代價不會太大的體驗，
是自己想要嘗試的經驗，那就直接去做吧！

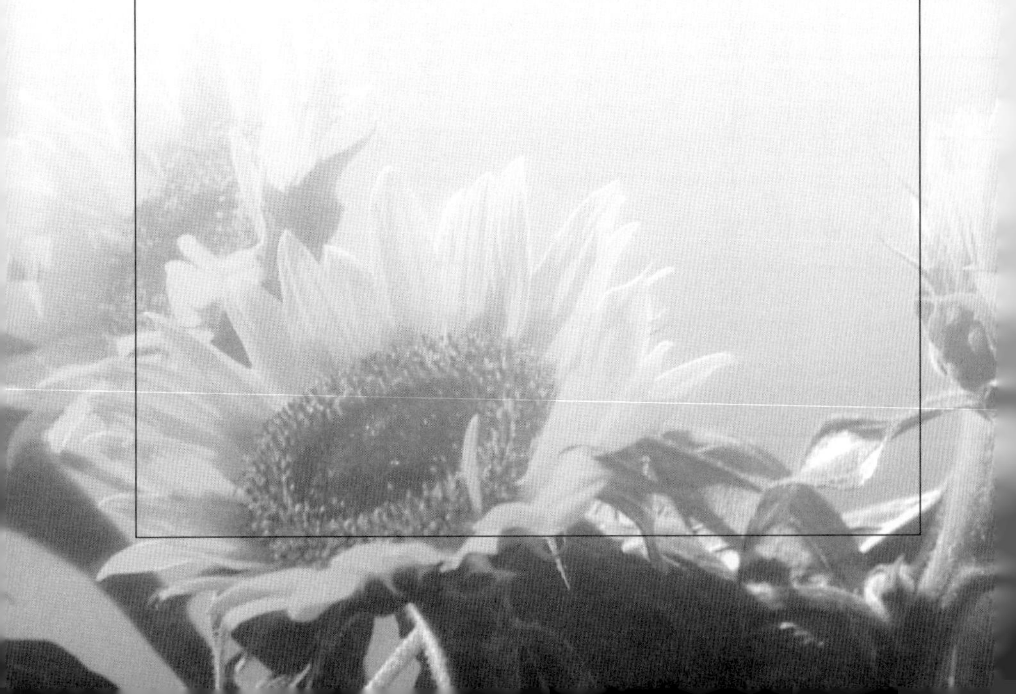

1. 心的快門

永恆實在太過虛妄，於是就讓一切停在那一刻吧！讓瞬間成為永恆！因為照片裡的人事物都會定格在快門按下的那一刻，不管是快樂還是悲傷，那一刻永遠最美，也永遠不會回來。

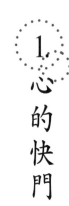

多年前有一個底片的廣告是這麼說的：「有的人用筆寫日記，有的人用生活寫日記，而我呢，是用照片寫日記」，最後還會加上一句「它，抓得住我」。想起來了嗎？

只是，曾幾何時，「底片」這個名詞好像有點陌生了，傻瓜相機走入了歷史，現在幾乎是人人都是走到哪拍到哪了。省去了買底片、裝底片、沖底片的手續，沒有什麼二十四、三十六張的限制，看到什麼想拍什麼就拍什麼，沒有負擔，不必構思，更不必刻意的擺姿勢。哪怕只是平凡到沒有主題的任何人事物，先拍了再說，反正拍跟刪一樣簡單，不過是想把走過的足跡記錄下來而已嘛！何必顧慮那麼多呢！

誰能料想的到科技會進步得那麼迅速。上個世紀末要結束的時候，大家的通訊錄上沒有幾個人有手機號碼，少數幾個人有電子郵件信箱，更不用說什麼部落格還是臉書這類的社群網站了。

但是當時的我好像並沒有很喜歡拍照，可能是覺得出遊帶著一台相機有些負擔，更可能是當時年少還不懂歲月很快就會流逝無蹤，以為青春無限可以揮霍無度，沒有意識到要趕快留下些什麼。如今，每當跟老友們聊起以前的某某事情時，大家都會有點遺憾的嘆息，當時為什麼沒有拍幾張照片留念，就這樣讓時光溜走，好似我們跌跌撞撞的人生路一樣。

而現在所有的手機都能照相，不管預期中的今天會是絢爛還是平淡，不論心情是快樂還是沮喪，就算只是工作、吃飯、走路或是一人獨處，又或是陽光湛藍的午後或是鬱陰灰濛的冬日天空，不管主客觀的處境為何，總想讓有限的現在在未來裏面留下些什麼，於是會習慣無主題隨意的亂拍。雖然歲月不會因為鏡頭的捕捉而停止流逝，但身為人的侷狹就是想保留些什麼，親情愛情如是，友情亦然。

但是，越想留下什麼，就越會害怕觸及所留下的什麼！每當夜深人靜獨處的時候，總會想打開舊照片來回憶過往的足跡，但是越是久遠的就越有一種近鄉情怯的複雜心情，很想進入時光隧道細數過往，卻又害怕掉入回憶的深淵裡久久不能自已。

看著舊照，追憶起那些怎麼也不可能再回來的關係與青春，錯過的，擁有的，擁有又失去的、失去又擁有的、想望但從來不曾擁有的，又或是擁有而不自覺的，都會在看照片的時候通通湧上心頭！但是企想永恆實在太過虛妄，於是就讓一切停在那一刻吧！把瞬間成為永恆！因為照片裡的人事物都會定格在快門按下的那一刻，不管是快樂還是悲傷，那一刻永遠最美，也永遠不會回來。

不過就算相機設備有多好，或是本身的攝影技術有多純熟，我想你都一定遇過眼前的良晨美景怎麼拍就是拍不下來的情況。在傳統相機的年代，等到底片沖洗完之後看到照片覺得很失望，因為眼裡的美景與照片裡的景色實在有所落差，就算是現在有了高畫素的數位相機，但從 moniter 裡預看的景象就是和眼前所見不同，是光線嗎？角度嗎？色差嗎？還是……就是無法說出個所以然來！

曾經在西洋藝術史讀到寫實派、印象派、古典主義、矯飾主義、超現實主義等等不勝枚舉的學派，這都說明了人類在記錄眼前所見的事物所衍伸出來的智慧，因著不同時代的歷史氛圍而有不同的風格，但對藝術家來說，與其拘泥於表象寫實的傳統作畫原則，不如致力表現內心世界的思維與感情。

一次在Discovery頻道看到專訪一位美國的資深攝影記者，他歷經了越戰、兩次的波斯灣戰爭還有九一一事件等等不勝枚舉的歷史事件，也歷經到傳播科技像是衛星、SNG、網際網路等的進步對世界的改變。他說新科技讓新聞的採集過程更加迅速更具真實感，**但也正因科技的進步反而讓新聞越來越表象，甚至膚淺的只剩下一張張的照片或是影像，靈魂消失了、反省不見了，就像數位相機的記憶體一樣，照完了就刪掉，價值只在快門按下的瞬間，因為下一刻很快就會刪除這一刻！**

還記得小時候爸媽時常帶著我們姊弟到各地遊覽，不同時期都留下了不少的兒時照片，反而是長大了後大家各有天空、各忙各的，幾乎很難有機會全家一起出遊。多年前有一次好不容易調整好了時間可以一起出遊，沒料到正在天時地利人和的情況下想要拍張全家福照片的時候，這才發現數位相機不見了，當時其實心疼的並不是相機的價值，而是那麼難得的時刻才是無價的，無法留下紀念，讓我們徒感遺憾。沒想到幽默的父親天外飛來一筆的說，「來，現在每個人把心的鏡頭打開，好，調好焦距後就按下心中的快門吧！」

品味深刻：

在我的心中一輩子都會記得那一刻的，因為心的快門比什麼都實在，我想所謂的盡信書不如無書就是這個道裡吧！與其依賴科技不如回歸心靈，相機的日新月異讓我們能夠表象的留住流逝歲月裡的點點滴滴，但那只是真實的表面，但表象裡的靈魂，相片裡的生命，唯有我們用心去感受、用心去咀嚼，留下來的記憶也才會立體起來！

2. 在地圖裡壯遊

最近的路不見得就是最適合走的路！如果我們缺乏對整體地理概念的了解，就會見樹不見林，被科技制約的只是從甲地到乙地而已！這樣的話就會不自覺的失去了深刻體驗生活周遭人事物的能力。

居住在台灣的我們，如果問最北端的機場是哪一個，包括我在內都會反射性的回答，那還用說嗎？廢話，當然是位在市區的松山機場嘛！

如果問基隆在台北的哪個方位，更可能會不加思索的回答，當然是在北邊啊，為什麼呢？因為高速公路就分北上跟南下，台北往基隆當然是北上，既然是北上，那基隆當然是在台北的北方！

同樣的情形也發生在高雄與屏東的位置！我們一般很直覺得會認為屏東是最南

端的一個縣市，所以理當在高雄的南邊，但如果打開地圖仔細來看的話，屏東市約略在高雄的正東邊，並不是南邊。

而如果是從台北市區要到桃園國際機場的話，一般來說會沿著高速公路南下大約四十分鐘的車程，但是以地圖的精準座標方位來看，或是實際登上大屯山頂鳥瞰的話就會發現，緯度上松山機場確實是比桃園機場稍微的北邊一點！

從小我就很喜歡拿起地圖來研究，不管是台灣地圖、中國地圖、亞洲地圖、世界地圖、台北市街道圖、士林區街道圖、捷運路網圖、登山健行步道圖、河濱腳踏車道圖……等等各式各類的地圖。**由近而遠、由小而大，然後再由遠而近、由大而小的縮放自如、神遊其中！於是會覺得原來世界不過就這麼大而已，一眼就能把它望穿；於是也會覺得自己是多麼的渺小，因為就算能夠有機會行萬里路，但是世界之大，在我們終其一生裡可以踏遍的地方還真的是非常有限！**

幾年前我的一個大學同學因為在某家出版國中教科書的公司擔任業務，於是送了我一幅3D立體的吊掛式台灣全圖，它以一：五十萬的比例完整呈現台灣的地形起伏，就連河流的源頭、分水嶺、山脈與山脈間的綿延連結都能一目了然！

於是，我就時常看著這個縮小版的台灣，仔細的觀察著過去很多耳熟能詳的地名、風景區，會發現很多地方就算聽過或是去過，但對它們所處的地理位置其實是一知半解的。

面對我們每天生活著的這片土地，甚至就是家裡附近的巷弄、公園，很可能的都被我們不經意的忽略了，就像先前與一位同事聊到他住在台北市的信義區，但附近的象山卻一次也沒上去過！因此我常在想，我們很容易捨近求遠的把每天生活的腳下變成只是往來於住所與工作地點的固定軌道而已，既陌生且疏離！

現代拜科技之賜，很多車都有裝GPS導航系統，它會很聰明的告訴你什麼路口該左轉，然後右轉，之後再直走，這樣也許大部分的情形都沒問題，但是新聞裡也曾經報導有車主依循GPS的指示，但卻被帶到荒無人跡的墳墓堆裡。原來是GPS以兩地最近的距離當作路線，但最近的路不見得就是最適合走的路，所以才會造成這種烏龍的意外驚魂。

也就是說，如果我們缺乏對整體地理概念的了解，就會見樹不見林，被科技制約的只是從甲地到乙地而已，而不自覺的失去了深刻體驗生活周遭人事物的能力。

所以每當我攤開地圖認真閱讀的時候，就會感受到自己是多麼的有限，於是學會了謙卑的可貴，更反省到自己的不足與粗略，因此努力嘗試著時時警惕必須深刻的品思現在所處的時空。

正是因為它的引領，讓我們有了機會擁有紙上談兵的深刻！知道了地理方位，了解了地形地貌，然後才能有機會漸漸的從這當中品味出愛地球、愛自然與愛土地的真誠情感。

品味深刻：

在看任何一種地圖的時候，第一步就是要找出現在的位置在哪裡，接下來就能很容易地了解到先前是走什麼路來的，下一步該往哪裡去，中間會遇到什麼岔路，走什麼路線是最適合的，這樣的話就很清楚的有了依循的方向！

其實人生也是如此，時常我們會茫然的失去了方向！每當這時候，就要懷抱著用心閱讀地圖的那種心態，認真的反省來時路並清晰深刻的展望未來，那麼迷失的生命航向必定可以很快的導正回來的。

地圖不只是拿來翻翻而已，它真的可以像讀一篇文章般的來閱讀！如果有機會的話，試試看吧！那種滋味會很不一樣的。

3. 好溫暖的太陽啊！

哪怕專家可以說得口沫橫飛、斬釘截鐵，但那都是別人的意見，不會變成自己的體悟。所以只要是代價不會太大的體驗，是自己想要嘗試的經驗，那就直接去做吧！

有一個男孩，他夢見自己在路上看見兩扇門，一扇門看過去是他心儀已久的女生，她一個人坐在公園的長椅上獨自的看著書、聽著耳機裡的音樂。男孩有很多次都想主動的認識她，但都苦無機會，更害怕自己不善言詞的個性會把事情搞砸，所以此刻似乎是個絕佳的機會。

而另一扇門通往一個大廳，那裡即將進行一場由知名兩性專家所主講的演講會，講題是「戀愛成功的二十個必勝祕技」。

於是男孩站在兩扇門中間，猶豫了好一陣子。如果您是這位男孩，會怎麼做呢？是該藉著這個千載難逢的機會好好的與心儀的女孩說說話聊聊天呢？還是不該吃快弄破碗的先去研習一下如何戀愛成功的必勝祕技，等武功練好了，就一定能無往不利呢？

另一個故事是：

在寒冷的北國，有著一位能夠通靈的禪學大師，他的眼睛能夠看穿前世今生，可以替迷茫的世人指點迷津，所以信眾弟子非常眾多。

但由於大師年事已高，在某年入冬後生了一場重病後就一直臥病在床，完全的失去意識並呈現昏迷的狀態，大夫看了之後也束手無策，並表示大家要有心理準備。而且這年冬天特別的寒冷，暴風雪一下就是好幾天，但很多信眾與弟子仍舊前來大師所在的寺院探視，並等待奇蹟的到來，更希望能在臨終前聽到大師的最後開示！

說也奇怪，終於一連好多天的暴風雪終於停了，溫暖的陽光也露出臉來的滋潤了大地，於是信眾們紛紛走到寺院的庭前享受這睽違好久的陽光。此時迴光返照的奇蹟真的發生了，昏迷了好多個月的大師竟然醒了過來，並自己起身下床，然後走到寺外的庭前，有幾個弟子見狀前往攙扶，引著大師在椅子上坐了下來。

所有的信眾都屏氣凝神的等著大師開口說話，希望可以聽到意義非凡的開示，果然，大師伸了個懶腰，然後說：「好溫暖的太陽啊，有陽光真好！」

沒想到，正當大家還在想著大師說的這兩句話是什麼意思的時候，他竟然頭一偏的就斷了氣！

後來信眾與弟子們在悲傷之餘幫大師辦了簡單的後事，但仍就彼此探討著這兩句話到底蘊含了什麼深刻的道理呢？

以上兩個故事看似普通，但如果仔細想想，是不是有類似的心情在日常生活中時常發生呢？我們有沒有總是想找尋成功人士所給予的啟示、想聽專家的意見、想看權威人士的評論、想瀏覽部落客所留下的評價呢？

這些做法都沒有錯，畢竟當局者迷、旁觀者清，專家學者的意見當然可以給予我們當作參考的依據，但再怎麼評論、再怎麼分析，哪怕別人說得口沫橫飛，說得斬釘截鐵，那都是別人的意見，沒有辦法變成我的。

所以我覺得，只要代價不會太大的體驗，只要是你想嘗試的，那就大膽的去體吧！就像故事裡的男孩，就算聽了幾百堂戀愛完全攻略的課程，做了一大堆筆記，但無論如何，戀愛就是必須真真實實與異性互動，而不是紙上談兵的理論可以找到什麼正確的答案，所以當機會來了，就去體驗交會吧！

而在我的生活經驗中，也常常會遇到這樣的問題，像是有朋友會說某某電影很難看、某家餐廳很難吃、某個活動超無聊的，但當我真的親身去看、去吃、去參與後，所得到的結論似乎跟朋友說的有很大的落差！這並不是誰對誰錯的問題，而是每個人的喜好與品味不會一樣，而且就算難看、難吃，那我也要知道到底有多難看多難吃，這何嘗不是一種深刻的人生體驗呢？

品味深刻：

要怎麼把英文學好呢？是該好好的找名師補習，努力的學習文法，等到一切準備就緒後再去跟外國人交談；還是就別管那麼多的用比手畫腳的方式從實際的交談中學習呢？

其實台灣人學英文花的時間並不算短，現在很多小孩從幼稚園就開始雙語教學，每個階段都有上不完的英文課，考不完的美語測驗，這樣算算也學了十多年的時間，但普遍的外語能力卻仍然不算太好。

因此有一種說法是，只要把自己丟到人生地不熟的國外去，英文自然而然就會突飛猛進了！當然，這樣的機會不是每個人都有，但卻意味著實際的體驗往往是成長最快的不二法門。

所以，「好溫暖的太陽啊，有陽光真好！」到底意味著什麼寓意深遠的哲理呢？也許不必刻意去擴大解讀他的意思，就直接走出戶外的去曬曬看就會知道了！

4. 我們還要「人定勝天」嗎？

人類缺少的似乎不是短視近利的聰明，而是一顆謙卑深刻的心！科學如果沒有建立在自我反省的深度下，不過是膚淺無知的雕蟲小技而已。

到現在都還記得，小學課本裡有一課叫做〈改造天氣〉，課文裡提到人類的科技越來越厲害，於是科學家們嘗試研究能夠改造天氣的方法，而且最棒的情形就是讓雨集中在夜間下，這樣的話就不會讓白天的生活作息被大雨給打亂了。

還有就是由於颱風時常造成嚴重的生命財產損失，於是積極的研究看看，能不能夠控制颱風的行進路線，讓它可以轉向或是減緩它的中心強度。

另外在科學期刊裡也曾看到一篇章節說，未來的都市會在城市周邊圍上一層玻璃罩，也就是如果把城市比喻成一個鍋子的話，玻璃罩就像鍋蓋一樣，然後科學家打算在罩子裡進行恆溫的調節，這樣的話夏天就不會熱到三十九度，冬天也不會冷到很難受，更不怕颱風暴雨雷擊的侵襲，如此可以四季如春的在城市裡安居。

以上舉的兩個例子都是我至今仍然印象深刻的兒時閱讀記憶，只不過距離小學已經三十年了，但對照現在全球面臨的生態浩劫與氣候異常的危機，會不會感到有些諷刺呢？

回首這三十年來，**正是人類自以為科學很了不起而變得極端自大傲慢、可以呼風喚雨、改變四季、操縱地球。但事實是，與自然相爭的結果是臭氧層被弄破了個大洞，碳排放量導致全球氣溫暖化、海平面上升，最後導致大地反撲的結果造成了現在的爆熱酷寒、惡水乾旱，夏天與冬天異常明顯，但緩衝的春天與秋天幾乎消失，不過自以為是的科學竟然還倒果為因的想把氣候改造，渾然不覺人類的可笑與無知。**

其實不必誇張的談改造天氣，在我們實際生活的經驗裡，天有不測風雲真的一點也不假，就算現在有衛星雲圖、雷達回波等高科技的工具輔助，但說實話氣象報告也只能做大方向的預測，比如受低壓帶影響天氣不穩易有午後雷陣雨、受高氣壓影響就會晴朗炎熱、鋒面靠近、寒流來襲等，但如果是細節的部分真的是無能為力的。像夏天的時候，就算到了中午，氣象局還是不可能清楚的說下午到底會不會下雨，時常看似烏雲密布，但一兩個小時後就都散開了，而有時候抬頭看天空好像沒有太多的烏雲，但卻在半小時後以迅雷不及掩耳的速度下起又快又急的傾盆大雨。

颱風的預測更是如此，因為颱風時常到了接近陸地的時候就會出現不規則的走法，左右飄忽、上下搖擺，所以最後會穿心登陸，還是會擦過邊緣也都說不出個準，因此企圖改變颱風的路徑或是破壞它的強度，那就更是天方夜譚了。

況且問題不在於做不做得到，而是颱風本來就是個自然產生的氣候現象，它出生於溫暖的海水，當條件適合的時就會吸收水氣成為熱帶氣旋，再因為地球的自轉所以必然的由東往西走，最後進入陸地後就是它生命終結的時刻，這是再自然不過的生滅定律。可是如果人類企圖要讓它轉向，試問要轉去哪呢？假設台灣避開了，要是跑到鄰國的日本、韓國、菲律賓那該怎麼辦，而且要是颱風不接觸陸地一直在海上轉圈的話，那麼最後這個氣旋會變成什麼呢？

幸好，三十年過去了，小學課本裡的課文只是紙上談兵而已，因為人類缺少的似乎不是更多的聰明，而是一顆謙卑的心！像我們台灣的中橫公路就是最好的例證，當年在「人定勝天」的想法下鑿通了公路，看似是了不起的驕傲成就，但自從九二一大地震後整個地層與植被受到破壞，地質異常脆弱，再加上被暴雨接二連三的襲擊，所以從谷關到梨山這段已經修修坍坍了很多次，後來在多方的評估後似乎是決定放棄不再修復了！

也許，本來就該讓原始的山林休養生息，回歸它本來的面貌，因為人定勝天都只會是一時的，我們人類還是謙卑一點比較好！

品味深刻：

曾經我也是科學的擁護者，崇拜科技，覺得人類真是偉大，難怪可以稱為萬物之靈。不過隨著歲月的增長，對生命與大自然也漸漸有了比較深刻體悟，這才發現到科學如果沒有建立在自我反省的深度下，不過是膚淺無知的雕蟲小技而已。

其實，地球如果沒有了人類並不會有什麼不同，但人類卻不可能生存於地球之外，所以別讓聰明反被聰明誤的我們變成了地球的負擔才是！

5. 近廟「敬」神

讓我們先把心思花在深刻的對待貼近己身的每件人事物吧！因為他們才是現實人生裡的真正主角，如果總是本末倒置的讓虛擬吞噬真實，這樣的人生將不會是我們所樂見的！

看過一個故事是說：

一個媽媽時常為了女兒交男朋友的事吵架，女兒不滿母親干涉太多，母親則認為女兒是翅膀硬了，竟然可以為了認識不到一年的男朋友頂撞自己，於是雙方都用激烈的言語來彼此傷害：

「就是因為妳這麼尖酸刻薄，每天神經兮兮的，這樣誰受得了，難怪爸會和妳離婚，自己都不好好反省！」女兒說。

「妳這個不孝女，我每天辛苦打工賺錢，好不容易養到妳上大學，沒想到竟然為了認識不到一年的男朋友跟媽媽吵架，還敢這樣罵我！」

「算我倒楣才會當妳的女兒……」

母親一怒之下說：「妳現在就給我出去，不要再給我回來！」女兒也真的就負氣離家了。到了晚上女兒走累了，而且肚子也餓得咕嚕咕嚕叫，走到一個麵攤前才發現身上根本沒有錢，徘徊了一陣子後，麵攤老闆見狀說：「同學啊！妳是不是要吃麵啊？」

「可是……我身上沒有錢！」

老闆是個宅心仁厚的人，於是說：「這樣啊，好，沒關係，我煮一碗餛飩麵給妳吃，錢的話先欠著以後再給我好了！」

後來女兒吃了幾口後眼淚就不由自主的掉了下來，老闆見狀問：「怎麼啦！」

「沒有啦！我……我只是……只是很感激……很感激老闆，你又不認識我，卻可以對我這麼好，可是我自己的母親竟然可以絕情的把我趕出來，還叫我不要回去……」

老闆聽了之後說：「可是同學啊，妳有沒有想過，我只不過是煮了一碗麵給妳吃而已，妳就感動得哭了，可是妳的媽媽她曾為你煮過多少次麵呢？也許生活在一起久了就會有摩擦，但是有沒有在不知不覺裡覺得是理所當然而忘了感激呢？」

記得有部生活式的韓劇裡有個橋段是：

兩個宅男到餐廳用餐，主餐吃完後他們覺得很無聊，於是甲宅男提議來玩猜各桌的客人彼此是什麼關係的遊戲。放眼望去，他們看到一對男女聊天聊個不停，邊吃邊聊有說有笑的，乙宅男看了後說：這一定是快要變成男女朋友的好朋友，有很多新鮮的話題可以聊，有點熟但還沒熟透，所以互動很熱絡；另一對是坐在最邊角的位置，而且兩人刻意背對著入口，但是輕聲細語你儂我儂的，像是在說什麼肉麻的悄悄話又怕被別人認出來似的，所以甲宅男說：哎呀，那一定是偷情啦！

最明顯但也最安靜的就坐在他們隔壁，女的翻著時尚雜誌，男的玩著自己的平板電腦，整頓飯下來好像都沒有看見他們說話或看看彼此，最後是要離開的時候，男方終於說了一句話：「那我去結帳囉！」

等他們離去後，兩個宅男異口同聲的說：「他們肯定是夫妻！」

這當然只是一段為了戲劇的趣味性所添加的對白，但是我們回歸現實生活來看，的確關係越密切的家人、夫妻，時常會因為太過親近而覺得理所當然，說話口氣冷淡，一副不耐煩的樣子，但對那種半生不熟或是陌生人卻又顯得禮貌有加。

而且因為智慧型手機的快速普遍，時常可以看到有一堆朋友像是約出來聚會，但卻突然間鴉雀無聲，原來是全部的人都低頭的看著自己的手機，沒空跟好不容易見面的朋友聊天，反而拚命的與網路裡的人互動，似乎是在虛擬的世界裡談著一些言不及義的話好像比較有趣，而真的約出來見面的人卻不知道要聊什麼？

於是會發現，**有很多人可以花大半的時間與遠在天邊的人侃侃而談，卻懶得跟近在眼前的親人朋友好好的打個招呼說說話；願意在虛擬世界裡花盡心思的經營關係，卻不願意對身旁真切生活的親人朋友付出關注……**

品味深刻：

成語裡「近廟欺神」是個很貼切的形容，在典故裡有個小故事談到，有個人對敬拜神佛非常虔敬，時常外出到遠方的廟宇參禮膜拜！而且他還跟周遭的鄰居朋友說，自從自己虔誠的膜拜各地的神明後，果然運氣好了起來，不但身體健康而且諸事順利。

後來有位鄰居不以為然的對他說，何必那麼辛苦地大老遠跑到外地去拜外地的神，我們村子裡就有一間廟，怎麼從來沒看你去拜過，真是近廟欺神啊！

也許，遠方比較未知、比較神祕，所以令人神往；而近在身邊的人事物因為太過熟悉而容易被忽略，結果竟然變成了近在咫尺的陌生遙遠，遠在天邊的卻好像熱絡無比。但是，真實人生的基礎必須從自己周遭的人事物開始安頓才能向外延伸，如果總是本末倒置的話，那麼虛擬將會漸漸吞噬真實，我想這樣的人生不會是我們所樂見的！

6. 時間被網路偷走了

閱讀是完整而深刻的，瀏覽則是粗略且破碎的！千萬別把網路當成朋友，因為這樣的朋友只會把你的時間蠶食鯨吞的全部吃光，而自己卻只得到了空虛還必須繳一堆錢給它！

問問自己，一天當中把多少的時間奉獻給網路？上班的時候沒辦法，一定得掛在網上，下班後，就算是走在回家的路上，等車、坐車甚至是開車的時候，還是會不由自主低頭的盯著螢幕，然後一回家後就黏在電腦前面，直到就寢為止！

尤其，在智慧型手機流行後，網路世界入侵到原本只是用來聯絡的行動電話上，手機變成縮小版的電腦在每個角落四處流竄，於是無時無刻低著頭，變成了現代社會的集體群相。

網路真的改變了世界，而且我們對網路的依賴連我們自己都不自覺的到了無法自拔的地步。試想，如果有一天網路系統遭到駭客全面入侵而停擺，那麼舉凡政府、學校、銀行、股市、捷運、高鐵都將無法運作，甚至只是要到便利商店買個飯糰都會無法結帳，它造成的不便將會不亞於停水停電所帶來的衝擊！

而網路的另一個革命性變化就是資訊搜尋的垂手可得，過去必須翻箱倒櫃，或是大老遠的跑趟圖書館才能解決的難題，現在只要打上關鍵字點一下滑鼠，短短的幾分鐘內就能迎刃而解！再加上社群網站、線上遊戲與數位平台的推波助瀾，一個非真實的虛擬世界卻是那麼實在的存在著。

在傳播學術裡有種「定餅理論」的說法，其涵義是說每個人雖然因人而異，但是除非生活步調出現了重大改變，否則每天、每週、每個月花在媒體上的時間大致是固定的。若是花在某種媒介的時間增加，那就勢必會壓縮到另一種媒體的使用時間。譬如說一九六〇年代前，人們把閱讀報紙雜誌當成獲取資訊的最主要媒體，但電視出現後大多數人就把多數的時間花在看電視上，而當網路寬頻普及後，人們又把最多的時間給了網路，那麼電視報紙書籍的使用率就自然而然的下降了！

看過一篇網路調查報告，裡面有一題是問您一年看了幾本書？統計結果是……兩本。可能有不少人會抗議說，怎麼可能，我一直都有閱讀的習慣，買的加上圖書館借的，怎麼可能一年只讀兩本書；但應該有更多人會想問，在網路上看的文字能不能算進去呢？

法國散文作家蒙田（Michel de Montaigne）曾說：「我們能因他人的知識而博學，卻無法因他人的智慧而睿智。」

我覺得這段話可以給沉溺在網路世界這種嗎啡裡的現代人一些省思。沒錯，網路讓資料的取得輕而易舉，更讓資訊的流通無遠弗屆，世界任何角落的事情都能一五一十的在螢幕前讓人目不轉睛。但我們必須了解的是，網路上的訊息只能稱作資料、資訊，是片段零碎的，它的意義大部分只在知道與不知道的差別，**也就是看過的人在當下知道了這件事，沒看過的人不知道，僅此而已，只有水平的寬度卻沒有垂直的縱深可言。**

有可能資料累積多了能對某些人形成知識，但若要從知識變成智慧，那就必須靜下心來用眼睛來閱讀、用耳朵去傾聽、用雙手去觸摸、用雙腳走出去體驗、用心靈去感受，然後再從感悟裡認真的思考，最後才能淬煉獨一無二的生命智慧。

而網路，讓我們花費最多的時間卻停留在最淺層的訊息搜尋上打轉逗留，逗留越久讓人更加茫然，越茫然就越依賴它，如此惡性循環的情況下讓我們失去了深刻思考的能力。

怎麼辦呢？我還是鼓吹把網路當成一個不具生命的工具就好，就是利用它的便利來查詢資料就好，千萬別把它當成朋友，因為這樣的朋友只會把你的時間蠶食鯨吞的全部吃光，而自己卻只得到了空虛還必須繳一堆錢給它！

怎麼做呢？萬事起頭難，試著從第一個六十分鐘不跟網路接觸開始。離開電腦，手機只用來接聽電話就好，其餘的功能全部忽視！也許一開始會手癢的想看，但一定要撐過去，然後就會有第二個小時、第三個小時……當小時數累加後慢慢的就會發現，那個深刻的自己終於回來了，原本茫浮迷亂的心漸漸的寧靜舒坦了起來……

品味深刻：

其實，除了工作上的聯繫與資料搜尋外，十二小時甚至一整天不接觸網路根本就不會怎樣，反而多出了很多時間能夠踏實的利用。

很多上班族會抱怨每天工作那麼忙，那有時間可以看書？針對這個現象我只能說時間不會沒有，只不過是被網路偷走了！尤其很多人花了非常多的時間在瀏覽臉書動態、回覆 Line 上面的訊息、玩免費的電玩遊戲，但是如果願意仔細的檢視這些網路行為就會發現，這些耗掉的時間究竟有什麼實質的意義呢？能夠讓我們增長智慧嗎？

把低頭的時間拿來好好的看一本書吧！積少成多，就算每天只有五頁十頁都好，累積起來一、兩個月就能讀完一本書，而它所給你的完整與豐盈絕對勝過網路粗略破碎的資料連結，並能夠讓我們從閱讀的過程中品味出屬於自己深刻的踏實感受！

7. 眞眞假假，假假眞眞

很多事物並不是表面看上去的那樣，所謂的「第一印象」很可能只是某些淺層因素的機緣巧合，千萬不要只看到包裹在本質之外的華麗裝飾，這樣才不至於讓我們在虛矯的假象裡迷失了自己。

見到一杯葡萄汁，
知道這是從葡萄搾取的汁液。
面對一件紫紅袍，
瞭解它是以貝類的血染紅了羊毛，再製成袍子。
對於這些，我們必須洞察理解，
才能看到事物內在的本質，
而非只看到表象。

表象很容易欺騙我們的理智，
尤其當你深信做了值得的事，
也許就是受它欺騙最深的時候。

這是馬可．奧理略（Marcus Aurelius）的沉思錄第六卷裡的文字，他告訴了我們很多事物並不是表面看上去的那樣，眼見為憑很可能只看到包裹在本質外的華麗裝飾，而讓我們的理智受到蒙蔽。

想想看，在我們的日常生活中，是不是很容易的陷入只看表面的陷阱裡呢？像名人代言的產品就是個很好的例子！雖然名人代言出包時有所聞，但關鍵在於若是以行銷廣告的角度來看，名人代言真的非常有效，很多原本並不起眼的產品只要請名人拿在手上照張相，比個讚，說句真好用等等的手法來加持，產品立刻能夠達到倍數成長的效果。就連高科技智慧型手機的前兩大龍頭三星與蘋果都傳出了行銷費用的比重大過研發部門的情形！

但真相卻是，很可能名人根本沒有用過這個產品，從頭到尾不過是一場商業的行銷遊戲而已，但為什麼我們會因為看到砸大錢的宣傳或是名人說讚推薦就被影響了呢？

另一個更普遍的表象也發生在吃的東西上。在歷經了令人震驚的毒澱粉事件後，我想現在大家在吃東西之前或多或少在心中都有個疑問，眼前的這份美食到底是怎麼做出來的呢？很多賣相好，看起來鮮豔漂亮、吃起來既Q彈又有嚼勁的食品到底加了什麼呢？

原來雞蛋布丁、雞蛋麵裡可以沒有雞蛋，番茄醬裡也可以沒有番茄，米粉裡真正的米含量竟然只是配角裡的配角，這些我們原本以為理所當然應該名實相符的食品，原來在可口的背後真相竟是如此的殘酷！

新聞就報導有位美食評論家親自做了個實驗，一組是遵循古法完全不含添加物的滷汁所滷出來的滷味，另一組則是加了許多人工調味料與色素，在完全不告知的情況下讓消費者對照試吃並比較喜好的程度，結果大部分的人都選擇了加了人工調味劑的那組，因為第一眼看下去色澤比較鮮艷，所以應該感覺起來比較新鮮，實際試吃之後的味道也比較優……

曾經在談論佛教的書籍裡看到這樣一個故事：

一位信徒來到一間沒有佛像的寺廟裡，他有些疑惑的問廟裡的老和尚說：「朝一張沒有佛像的佛案膜拜，也算是禮佛嗎？我還是第一次看到連佛像都沒有的佛寺！」

「佛像並不是佛，只是一種表象的象徵而已！」老和尚回答。

「可是，沒了象徵的佛像，好像就沒辦法感受到祂的精神與意念！」信徒說。

老和尚並未立刻回答，只是望著寺外的湖面說：「佛陀曾說，真法身如虛空。意思是說，生死與涅槃或煩惱與菩提都是同一相，不論佛或眾生都一樣。放棄表相就是佛，所以沒有佛像並不代表沒有佛，是不是？」

但那位信徒並沒有完全領悟老和尚的話，疑惑的離開後就再也沒來過了，就連其他信徒也越來越少了。

據說後來村民都到鄰近的另一間佛寺去上香膜拜，因為該寺說服了附近幾個村莊的人共同捐獻打造了一尊黃金佛像，聽說相當靈驗，於是村民們不斷地口耳相傳，所以香火越來越盛……

品味深刻：

不論是最基本的食物飲料，或是物質層面的消費商品、甚至是屬於精神層面，勸人向善的宗教也免不了需要佛像這樣的象徵物，這意味著我們很容易執著第一眼看過去的表面印象，甚至知道那個表象是假的，卻因為假的太美麗而甘心願意的相信虛假的真實。

而在人與人的互動上也常聽人說「第一印象」很重要！沒錯，第一眼給人的感覺的確會影響到情感面的喜憎好惡，但我們千萬別被這個情感大於理智的第一印象給牽著鼻子走，因為太多的經驗告訴我們，第一印象的喜好很可能只是某些淺層因素的機緣巧合，接下來就一定要拿出理智來深刻的觀察判斷！

就像老和尚說的，沒有佛像並不代表沒有佛，所以膜拜了華麗的黃金佛像真的會比較靈驗嗎？這真的很值得我們從生活中去用心體會！

8. 觀音與惡魔

林肯曾說：「人超過四十歲後，就該替自己的外表負責。」所謂的凍齡美人，雖然看不出年齡，但只要稍微的相處一下，五官裡散發出來的氣息與神韻卻是怎麼樣也無法掩飾的。

如果問一個人的外表容貌重要嗎？會不會因為美麗或英俊的外表而迷戀上一個人呢？應該大部分的人會說，重要的是要看他的內心是不是善良吧？如果心地很壞，就算再帥再漂亮也沒有用啊！

可是話雖然這麼說，但是當我們還沒有時間去深刻認識一個人的時候，容貌就變成了反射性的評斷依據，所以面貌姣好的人至少是在初識的一開始佔了很大的優勢，這似乎是個不爭的事實。

不過也有人很誠實的說，我就是以貌取人的外貌協會，就是要跟看起來賞心悅目的人交朋友。因為人生才不過短短的數十年而已，哪有那麼多時間慢慢的認識，什麼內涵啦、善良啦、才華啦，那些太累太麻煩了，所以當然看外表是最快的啦！

這樣的說法想必也有很多人並不贊同，但真的毫不偽裝的說出了人性裡愛美嫌醜的部分，否則為什麼年輕火辣的正妹或是假扮成溫柔多金的混血帥哥總是能無往不利地成為詐騙的嫌犯，甚至還有很多案例是犯罪者都已經坦承是詐騙，但受騙者卻還不相信的認為，對方一定是有什麼苦衷才會這麼做，可見得雖然說外表很膚淺，但它的力量還真是強大呢！

況且，不只是人，其實很多商品的外觀也是決勝的關鍵，記得多年前可口可樂為了刺激銷量，於是推出了曲線瓶這個點子，也就是把過去肥肥鈍鈍的瓶子做成像是美女般的曼妙曲線，但是味道配方完全沒變，就這樣銷售量竟然成長了很多。

此外像是手機、筆電、平板這類的3C產品，或是傳統的機車汽車，甚至連吃到肚子裡的食物，都會因為外觀是否討喜，而決定了會不會暢銷的命運。

還是學生的我曾經讀過林肯的一句名言：人超過四十歲後，就該替自己的外表負責。當時很疑惑的不懂是什麼意思，為什麼是四十歲呢？要負什麼責呢？那又為什麼四十歲之前不必負責？而且既然是外表，生下來就是這樣了，是美是醜又無法改變，還真是不公平！

還有同樣讓我不解的就是「相由心生」這四個字，不是說知人知面不知心、人不可貌相嗎？那又怎麼由面相去看心呢？

現在，我距離林肯說的四十歲已經不遠了，才發現這些疑惑的解答原來藏在時間的深刻裡。的確，外表主觀的美醜除非動刀整形，否則不大可能改變，而且有些人保養得宜，再加上微整形技術的輔助，時常第一眼看過去還真的猜不出到底幾歲。

但是有趣的就在這，這些所謂的凍齡美人，雖然看不出年齡，但只要稍微的相處一下，五官裡散發出來的氣息與神韻卻是怎麼樣也無法掩飾的。有的人長得很漂亮，但卻能夠看從眼神裡看出工於心計的狹隘；有的長得很平庸，但慈眉善目的氣息在言談舉止間可以慢慢感受到。

曾經有人做了個有趣的實驗，把一張老人的照片換上嬰兒的眼睛，另一張則是反過來把少女的照片跟老人的眼睛合成起來，然後在不知情的情況下請人仔細的觀察這兩張照片有什麼不同的時候，其實大部分的人只要定睛細看，大多能夠明顯發現眼神裡的不協調感。這也難怪一個演員最難揣摩的就是角色的眼神了，不管是正派、反派、善良、苛薄、焦躁還是自在，只要抓對了角色的眼神密碼，那麼詮釋起來一定就可以如魚得水了。

其實在宗教的典籍中，有很多類似的故事都是在談外表與內心的微妙關係。其中一個故事內容是這樣的：

有個長得不錯的雕塑家發現自己的面容是越看越不順眼，雖然英俊，但卻覺得神情裡隱藏著狡詐險惡的氣息，而且怎麼掩飾都蓋不掉。

於是他越來越焦慮，不知該如何是好，在偶然遊歷一座廟宇時，他敞開心扉的向長老吐露了這個苦惱。長老聽完後跟雕塑家說：「你的問題不難解決，但一定要認真的幫我在半年的時間雕出三座神態各異的觀音神像，我想當你完成的時候，再去照照鏡子看看自己，應該會跟現在很不一樣。」

雕塑家雖然有些疑惑，但心想也沒有什麼損失，於是就答應了。他在雕塑的過程中仔細的琢磨每座觀音像的面容與神情，然後將善良、慈祥、寬仁的線條慢慢的雕琢出來。半年後雕塑工作順利完成，他照了鏡子後驚喜的發現到自己的面容真的變了，原本厭惡的奸詐狡猾全都一掃而空，這時他才恍然大悟，原來是因為過去兩年他雕塑了十幾座的惡魔像……

品味深刻：

新聞界有個說法是，跑政治線的記者跑久了看起來就會像政客，跑財經的就像個商人，跑社會線的就像流氓，跑影劇的久了就跟藝人沒什麼兩樣，這個逗趣的觀察再對照雕塑家的故事，會不會讓您有會心一笑的感悟呢？

其實，我們的外貌正是一面最好的鏡子，能夠投射出我們心底最真實的意念與想望。當然不可否認，在現實的生活中，面貌姣好的人不管是在求職、戀愛或人際關係上，的確是擁有比較多的機會，但只要認識的時間久了，心底的原形還是會畢露無疑的。

不過外貌畢竟是人與人之間相處的第一印象，就像一本內容豐富的書還是需要封面的包裝來幫忙加分，所以適度的做些裝扮與調整，可以讓我們心生的相貌能夠自信的散發出來，我想這就是林肯所言的替自己外貌負責的最好方式吧！

9. 感恩無價

我們鮮少想我們擁有的，卻總是想著自己所缺的。

在日劇《人生無價 Priceless》中，木村拓哉飾演一個原本在大公司上班的中階白領主管金田一，不料卻突如其來的背負莫須有的罪名而被開除，接著住的房子發生爆炸，一時間他變得身無分文而必須露宿街頭。

後來他邂逅了兩個同樣窘迫的小孩，他們教會了金田一如何在最困難的情況下生活下去，像是撿寶特瓶回收、到提供街友餐點的救濟站吃飯、去運動場的更衣室淋浴等，但就在這個過程中，意外的讓他了解到很多金錢買不到的「無價」寶藏……

有一場戲是金田一身為富家千金的女友對他說：「你要怎麼擺脫現在這

樣悲慘的人生，回到以前那樣的日子呢？」

「我現在是身無分文沒錯，可是並不悲慘啊！」金田一回答。

叔本華曾說：「我們鮮少想我們擁有的，卻總是想著自己所缺的。」當我們傾向前者，數算著自己所擁有的，就能有一顆感恩的心；如果傾向後者，那才是真正的悲慘人生。

曾收過一封朋友轉寄的e-mail，內容談的是生活裡微不足道的恩典，但是看完後卻給了我很大的力量……

鬧鐘響起的時候，我很懊惱又要起床了，甚至把棉被拉起來蒙住頭。但是我沒有忘記感謝上蒼，因為我還能聽得到，而有些人已經耳聾。

雖然我厭惡早上刺眼的陽光，但是我沒有忘記感謝上蒼，因為我還能看得見，但有些盲人是什麼也看不見的。

上班的腳步匆忙而急促，但是我沒有忘記感謝上蒼，因為有些人行動不便的必須坐在輪椅上。

雖然早餐忙到只是隨便的吃了一個三明治跟豆漿，可是我要感謝上蒼賜予我食物，因為世界上飢餓的人是那麼的多。

雖然我的工作枯燥乏味、千篇一律，但我還是要感謝上蒼，因為當今失業流離的人到處都是……

其實這封 e-mail 所談的情況，正是平凡如你我的生活寫照。我也和大家一樣，時常會憂慮現在的處境，羨慕為什麼別人總是那麼好運，怎麼自己到現在還是這樣呢？

但是當我轉個念、換個角度，用一顆感恩的心來想想現在所擁有的一切就會發現，自己真的有那麼糟、那麼悲慘嗎？至少，冬天的時候還有太陽、夏天的時候還有樹蔭、想用水的時候打開水龍頭就有、餓的時候還買的到東西吃……

如果我們把注意力放大在我們沒有的人事物，卻把眼前所擁有的視為理所當然，那麼就會不知不覺的變得事事抱怨。留意看看，生活周遭有沒有這樣的人呢？天晴的時候嫌紫外線大還要防曬、下雨嫌麻煩要打傘腳還會濕、寒流的時候抱怨穿了一身的衣服真難受、回暖的時候又抱怨還要脫衣服真麻煩、上班的時候嫌太累沒時間、放假又喊無聊會亂花錢，明明有很多選擇卻抱怨不知道該選哪一樣，如果心態是這樣的話，就算擁有了全世界，大概也會嫌世界怎麼不過就這樣真讓人失望！

也許有人會有質疑，懷抱感恩不抱怨不過是消極的自我催眠罷了，對改變眼前的生活困境有什麼實質的幫助嗎？我就舉個例子，如果你是一個老闆，要面試一個新進人員，一個是面貌姣好，但卻一臉怨氣，一開口就開始怨恨社會真是不公平，企業主打壓新人只肯給二萬二，然後抱怨以前的雇主有多惡劣；另一個應徵者相貌平平，但是眼神裡、面容上、談吐間散發著惜福樂觀的心態，並願意積極的面對困難的挑戰。相形之下，你會錄用哪一位呢？

品味深刻：

據說佛陀為了減少世間上的痛苦，於是就挑選了自認為活得最痛苦的一百個人，讓他們把自己認為最痛苦的部分寫在紙條上。

寫完後佛陀要大家把手裡的紙條互相交換相互分享。

不料大家交換看完彼此的紙條後，竟然都有些驚訝的搖搖頭，然後爭著趕快從別人手裡找回自己的紙條。

這則短短的寓言似乎點醒了人們，原來每個人都有抱怨不完的事，似乎誰也不比誰活得容易。但一定不會有人喜歡跟成天抱怨的人為伍，所以如果我們願意數算自己屬於美好的那一部分，也許就能夠超脫自我的侷限而懷抱感恩的心。

有一句英文 A smile breeds a smile，中文翻譯成微笑滋生微笑，那麼我想同樣的感恩一定也能滋生感恩，就像把發粉放進麵粉裡，加入溫水等麵糰發酵膨脹是一樣的道理！

感恩無價，而且絕對需要我們用最深刻的意念用心體會！

PART5 處得緩慢

舒緩的洗滌

放慢是一種「戒得」的過程，
拒絕被淺碟的貪求慾念所綁架。
當大家一窩蜂的朝同一個方向瘋狂求取的時候，
放慢絕對比加速需要更大的智慧與勇氣。

1. SNG與Live即時新聞的意義

關鍵就在速度！傳播科技的發達讓媒體被速度的盲目給制約了，但這卻像速食的垃圾食物一樣，我們急著看到事件零碎不全的「點」，至於最後連成比較完整的「線」與「面」竟就無人問津了。所以只求及時快速的新聞是很難有營養的！

我想現在獲得即時新聞資訊的管道，大概比例最高的就是看電視新聞了。況且相較於其他國家，面積並不算大的台灣，就有五家二十四小時反覆播送整點新聞的頻道，大概可以堪稱是世界之最吧！

時常觀察到有很多家庭會把電視開著，然後就定頻在某個新聞頻道，接著就是整天開著有個聲音就好。當然不可能有那麼多的新聞可播，所以大部分是重播前一小時或是昨天的消息，少部分的穿插一些正在發展中的新聞以SNG連線的方式報導，更有趣的是新聞台的畫面，上下左右充滿著各式各樣的跑馬燈字幕，有時候一眼看去還真的是眼花撩亂的不知該從哪個地方看起呢！

相較於過去，報紙曾經是獲得新聞資訊的最重要媒體，家家戶戶幾乎都有訂報紙，一天沒有看報紙就好像會有與社會脫節的感覺。記得我還是學生的時候，看報紙是我每天很重要的休閒之一，除了報導之外，很喜歡看評論、社論、民意論壇的部分，而且同一件事會看兩三份報紙來比對各報的報導立場與切入的角度。現在回想起來，正是因為那段愛看報紙的學生時代養成了我獨立思考、批判與書寫閱讀的能力。

只不過科技的進步日新月異，在有線電視開放後，加上SNG衛星連線的快速普遍，電視新聞的即時與速度很快的就讓報紙招架不住的日趨萎縮，現在有訂報的家戶真的是少之又少，報紙已經從每日必看變成了可有可無的非必需品了！

但是，不知道你會不會跟我有同樣的感覺，時常打開新聞台轉個大概十分鐘之後就會覺得真的滿空虛的，很多隻毛蒜皮的事也可以報個五、六分鐘，今夜最新可能是某位名人剛下機場走路的畫面，行車紀錄器或監視器的畫面也能成為好幾則新聞，颱風天水並沒有淹的很深但記者卻蹲在水裡製造快要滅頂的效果，藝人的婆媳問題也能開出SNG車來現場連線，但想深入了解的國際政經議題、生活藝文訊息卻大多只是輕輕帶過，好像就只是看到某個地方發生了某件事，再來就換另一則的沒有下文了。

於是我在思索，即時、整點、SNG無時差的新聞連線究竟給我們帶來了什麼？沒錯，我們可以在同一時間看到地球任何一個角落所發生的事，但為什麼發生？有什麼前因後果？對未來有什麼影響等等稍微深入一點的問題，幾乎不可能從整點新聞裡獲得解惑，**於是覺得看了一百則新聞跟一則好像差不了多少，每小時看跟每天看跟三天看一次似乎差別也不大。**

為什麼呢？我想關鍵就在速度！雖然新聞理所當然的就是要求新求快，但當速度成為唯一價值的時候，就會變成只在乎是不是能夠在第一個時間點把事件發生的表面現象同步就好，或是很多新聞事件才發生到一半，一個比較完整的輪廓都還沒有形成就搶著報導，所以我們就只能急著看到事件零碎不全的「點」，至於最後連成比較完整的「線」與「面」就無人聞問了！

我在品味深刻的章節裡有談到，現在我們的生活很難避免的被網路的便利給制約了！同樣的，傳播科技的發達也讓媒體被速度的盲目給制約了，就像速食雖然快速方便，但卻多是對身體沒有好處的垃圾食物！

這也就是說，「快」真的不見得不一定就好，只求及時快速的新聞是很難有營養的。

處得緩慢：

還記得喧騰一時的便當文事件吧！短短幾天的時間，竟被網友瘋狂轉載了幾萬次，而主流媒體當然不可能放過它，管它是真是假、有沒有意義，重點是不能落於人後，先刊了再說吧！結果事實證明從頭到尾都是假的，不過是幾個人幻想出來的虛擬情境而已！但在速食掛帥的傳播氛圍裡，卻可以短暫的變成Top 1的最重要頭條，但當事過境遷後再回首來看的時候，是不是會覺得有些可笑呢？

當然很多人會憂心忡忡的問這樣弱智的傳播文化該怎麼辦呢？我的答案很簡單卻又很困難，那就是千萬不要邊看邊罵，說無聊沒營養卻又目不轉睛的盯著就解決了！

所以，我現在時常是兩三天才「認真」的看一次新聞，從中挑些過了兩三天後還有後續的新聞來看，或是去翻一週一次的時事雜誌或是報紙來看，這樣反而還了解的比較深入。而且很多打上最新、即時、Live的新聞其實過幾天知道跟當下就看到似乎根本就沒什麼差別！我真的覺得，求快、貪快的結果時常反而會距離事實越來越遠，更難以從中得到反省與思考的機會！所以即時又重複的整點新聞，還是久久看它一次就夠了！

2. 人生駕駛課

駕駛的品德就是人品的縮影，所以從一個人開車時的態度來觀察性格是最準確的，是懂得忍讓或是好爭鬥狠，是自私霸道還是懂得將心比心，只要一上駕駛座就會全部現形、無法掩飾！

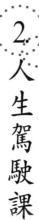

「十次車禍九次快」這句話一點也不假，常聽有些人很喜歡自誇開車的技術一流，停車、超車、山路甚至是甩尾都難不倒他，而且車上裝了一堆反測速照相的設備，把兩個半小時從台北拚到高雄的紀錄掛在嘴邊炫耀，還常常譏笑另一個朋友開車慢得跟烏龜一樣，簡直是比女人還娘。但諷刺的是，那麼名貴的跑車卻常常因為撞東撞西而進場維修，而且坐上了他開的車就讓人覺得提心吊膽，還不如坐計程車來得安心。

後來有次機會順道搭了被他譏笑朋友的便車，的確他開得不快但很穩當，雖然不是什麼百萬名車，但坐在裡頭就很舒服，加上音響裡放著緩慢悠揚的鋼琴演奏樂曲，有種像是獨自漫步般的那樣愜意。

動輒數百萬起跳的「超跑」近來意外不斷，甚至有好萊塢巨星還因此不幸喪命，歸咎其原因不外乎是搶快貪快所造成的。**過分飆速趕路的人生，不但會錯過路上的景致，還可能提前到達人生的終點，我想這絕對不是人類追求速度所希望的本意。**

車禍現場，散落一地的殘骸碎片，怵目驚心的斑斑血跡，急促的救護車警笛聲將擁擠的車海切出一條通路，快奔的將傷者送往醫院，留下圍觀議論的人們。然而，引發我佇神留意的卻是快車道上的一串平安符，祂們沾著血漬靜靜的躺在快車道上，任由來往的車輛從上面輾過，無言、默默地接受踐踏，束手無策！

記得多年前我剛考上駕照上路時，媽媽到廟裡幫我求了一個平安符，她要我掛在後照鏡上以求安全。當時只覺得老人家真是迷信，但為了不辜負母親的好意只好照做。

後來一次載母親外出辦事，一路上擁擠堵塞，紅燈像夢魘般的阻斷前行的路，我越開火氣越大，不斷的按喇叭超車，嘴裡還一直喃喃的罵著，正當心浮氣躁時差點就發生了擦撞意外。於是我抱怨今天真是運氣不好，塞車遲到又差點發生車禍，真是禍不單行，沒想到母親說：「你應該感謝平安符的保佑。」

「平安符，那我今天怎麼會這麼衰？」我有些疑惑。

「你喔，還是像個孩子一樣，怎麼不懂得換個角度想事情，如果不是平安符，你的心那麼浮躁莽撞可能已經出車禍了！平安，是從心底修出來的，只要你的心可以不疾不徐的靜下來，平安自然就會圍繞著你。」

前些日子，一位同事提到她那個令人頭痛的兒子，她說很後悔買機車給他，每天都提心吊膽的害怕出事，於是我建議她可以到廟裡求個平安符放在車上，不但可以要孩子小心騎車，自己也會安心些。

只是沒有料到，求完平安符的隔天就發生了車禍，這讓提議的我有些過意不去。還好，當我前往醫院探視時，聽到她們母子的對話讓我鬆了一口氣。

「媽，對不起，闖了這麼大的禍，可是，平安符一點都沒有用嘛！」

「傻孩子！這是平安符給你的教訓，經過這件事，你以後騎車、做事還要這樣莽莽撞撞的嗎？心平氣和、穩重行事不是天生就會的，要是你沒有從教訓中學習，有再多的平安符也沒有用。等你真的學會靜心沉穩，那就是平安符發揮效用的時候了。」

這段母子間的對話，讓我想起當年的我。後來再載著媽媽開車外出，媽媽誇讚我總算懂得平安的涵義了，坐我的車很有安全感。媽媽還說，從一個人開車的態度來觀察性格最準了，是懂得忍讓或是好爭鬥狠，是自私霸道還是懂得將心比心，只要一上駕駛座就會全部現形、無法掩飾！這絕對比星座、算命要來得準確，不但關係到交通安全，更會影響到往後的人生經歷……

處得緩慢：

多年來，我一直牢記並咀嚼這番道理，漸漸的把每天馬路上的遭遇都當成是自我修養的人生哲學課。因為，每趟路程，不就是一段人生道路的縮影嗎？遇到堵塞阻礙，你可以急躁的狂按喇叭，甚至找人挑釁理論，也可以設身處的禮讓忍耐，退一步海闊天空。

其實，速度的快感只不過是一種淺層的情緒，能夠慢下來穩穩的走反而是一種堅強的定力，而且只要心轉了，擁塞就會逐漸轉為順暢，看似風雨無路的人生際遇，也會柳暗花明的展開！

3. 命運，要慢慢來，才會好玩

放慢是一種「戒得」的過程，拒絕被淺碟的貪求慾念所綁架。當大家一窩蜂的朝同一個方向瘋狂求取的時候，放慢絕對比加速需要更大的智慧與勇氣。

據說在歐洲的鄉村裡，原本有一家非常有特色的咖啡館，除了自行研磨咖啡豆之外，整個店裡店外的裝潢擺設，都經過精心的巧思設計，並供應老闆親手烘培的麵包與餅乾點心。

老闆其實是厭倦了大都市裡的快步調生活，希望來到慢活的鄉村來安養老年生活，而他的經營理念就是讓顧客有一個享受緩慢的舒活空間。由於老闆非常的堅持而且用心，因此在當地漸漸的打響名號，除了本地的老客人之外，從外地慕名而來的也越來越多。而老闆住在都市的孩子們都認為父親應該打鐵趁熱，趕快多開一些分店並擴大規模，但他始終不肯，因為分店的擴張與他緩慢的經營理念是完全背道而馳的。

過了幾年，老闆過世之後，他的孩子們早就等不及的引進了連鎖集團的經營know how，快速的擴張分店，並且將店內的咖啡以及餐點改以統一進貨的高效率方式處理。一開始因為延續著原本的招牌名聲所以生意都還不錯，但過了兩三年後，不但店裡緩慢的感覺消失了，取而代之的是高同質性的商業包裝，慢慢的成了只是一大堆咖啡連鎖店的其中之一而已，失去了原有的特色，所以生意每下愈況。再隔幾年後，原本擴張出去的連鎖店一家家的關閉，竟然到最後連本店也吹熄燈號，接著就整個的銷聲匿跡了！

有一部趣味性十足又隱含了省思寓意的電影《命運好好玩》，故事敘述一名年輕而且愛家的建築師麥可・紐曼（亞當・山德勒飾演），在偶然的機會裡買到了一支超級super的遙控器，原來這不只是一支單純的遙控器，還能夠神奇的控制時間，隨心所欲的快轉、停格、靜音、倒轉。

於是幾個有趣的橋段像是遇到老婆碎碎念的時候、自覺得陪父母很無聊的家庭聚餐、孩子吵鬧、寵物亂叫、辛苦工作的時刻，他都能夠快轉的讓這些時間過去。

一開始麥可‧紐曼還以為自己得到了上帝的眷顧，可以擁有等同於超能力的遙控器，但當他跳過一切的過程而快轉到想要的目的時，才發現一切已經完全失控。**快轉讓他失去了體驗人生的機會，來去自如的時光旅行反而讓他成為速度的奴隸，並恐怖的目睹著自己的人生，任由停不下來的速度擺佈著！**

幸好最後發現那不過是一場夢而已，只是當他醒來的同時，赫然發現身邊出現著跟夢境裡一模一樣的遙控器，並有一張字條寫著：麥可，像我說的，我知道你會在最後一刻做正確的事情！

當然最後男主角捨棄了遙控器的誘惑，懂得學會原來命運要慢慢來，才會好玩的道理，並且感激珍惜眼前的生活。

時常看到很多政治經濟的評論談到台灣因為是島嶼國家，所以地狹人稠競爭激烈，因此衍伸出淺碟型的生活模式，很多行為、很多思考，就只是個當下的反射性行為，是因為看到別人都追、大家都買、人人都求，所以我就當然不能落於人後。再加上資本市場經濟模式的推波助瀾，效率與擴張成了唯一的標準，快、還要更快；你慢了，別人就追上來了；你休息，別人就超越你了，所以手裡所擁有的絕對不夠，多、還要更多，最好是一加一等於十！

也許曾經在心底有那麼一刻出現一股聲音，告訴自己停下來吧！但當看到別人又從身旁超越過去的時候，馬上就恢復本能的又加速的急追上去，卻沒有從快速的追求裡得到相對的心靈品質。**所以就算追得很快，拿得很多，但卻無法替自己留下什麼建設性的東西，於是只好繼續的在完全停不下來的陷阱裡狂飆，用更快的步調來麻痺自己卻更加茫然，如此周而復始的永無止息！**

該怎麼擺脫這樣的盲目呢？我覺得放慢是個非常具體的方法。因為慢是一種「戒得」的過程，當大家一窩蜂的朝同一個方向瘋狂求取的時候，放慢絕對比加速需要更大的智慧與勇氣。

想想看，如果我們把當下的速度放到時間的長河裡，是不是必然的就緩慢下來了呢？我不否認在激烈競爭的氛圍下要做到放慢戒得真的不容易，也許可以試著讓行動上快速敏捷，但在思考的層次上就一定要緩慢下來才好。

畢竟貪快求來的東西必然無法通過時間的考驗，唯有慢下來，這樣才有可能在有質地的淬鍊裡彰顯出具備縱深的永續價值！

處得緩慢：

如果人生是一場馬拉松賽，那麼為什麼要用跑百米的速度去衝刺呢？不斷的超越對手率先抵達終點，那麼這個冠軍的意義究竟是什麼呢？還是只是貪婪的想得到更多的東西，卻在不自覺的速度競飆裡把現在所擁有的給揮霍掉了，就像故事裡小鎮裡消失的咖啡館一樣！

4. 透支當下與計畫未來

如果為了未來而嚴重的透支了當下，那麼就算最後如願的成功奪標，但在過程裡犧牲掉的人事物到最後是會回不去的，像是健康、諸如親情或是某個關鍵時刻裡沁入心底的真實感動！

曾看過一篇散文，作者說在自己小的時候，每到中午吃便當的時候，會從最不喜歡的菜開始先吃，然後把最愛的留到最後，這樣就能像倒吃甘蔗般的慢慢享受到吃飯的喜悅。而隨著年齡漸長，他說現在反而是倒過來的先吃愛吃的菜，比較不那麼喜歡的就會留到最後。

我覺得這篇文章真有趣，是藉著吃飯來談人生該怎麼安排享受的順序，他說小時候總覺得時間很漫長，不知道還要熬多久才能長大，所以總是把喜歡的事放在最後，有了期待就不會那麼難熬了！可是長大後很快的就覺悟到，原來時間那麼有限，很多事當下沒有體驗到就「咻」一下的不復返了，所以還是把握現在比較實際，所以愛吃的菜就先吃吧！

有個生財有道的藝人接受影劇記者採訪的時候說：我的目標是退休前要存到一億，沒有存到一億我不敢退休。於是他開始侃侃而談他的退休計畫，當存到一億後自己的後半輩子要做什麼什麼！

於是記者問他：那現在呢？現在都做些什麼消遣娛樂？現在啊，我沒有想那麼多，就是替未來多投資就對了，除了努力工作多存錢外，其他的沒有去想太多！

而在現實生活周遭也不乏這樣的例子。

一個朋友的研究所指導教授就時常在課堂上談他的美國夢，他覺得成為美國公民是一生中最重要的目標，因為在美國當地要找一份適合的工作並不容易，所以只好先把妻兒先安置在那裡，自己繼續留在台灣教書並把錢寄回家，等寒暑假才回美國短暫的團圓，也因此夫妻間相隔兩地，與孩子間的感情也越來越疏離。

但他總是想，等到退休後變成美國人就可以好好在美國養老。不料後來當他要退休前，妻子不幸罹癌病逝，原本想說退休後再一起好好享受的計畫完全落空。後來雖如願的變成了美國人並且定居養老，但因為與孩子的感情已相當疏離，住在一起變得尷尬無比，平常也沒什麼好聊，還經常為一些瑣事爭吵。接著三個孩子陸續結婚，不管跟誰住都有點像是多餘的，最後只能悻悻然的回到台灣，一個人孤伶伶的在台北老家度過了老年生活。

其實類似雷同的故事真的非常的多，而共同的想法都是為了未來的某個目標必須犧牲掉現在的幸福，認為當那個目標達到了，真正的幸福就會降臨。

只不過，太多的例子告訴我們，計畫永遠是趕不上變化的，無常似乎總是跑在計畫的前面，每每讓我們措手不及。但這並不意味著要放棄對未來有所規劃，因為懷抱理想與信念的人生才會活的有質，不會渾渾噩噩。

只是我們心中不免的會有充滿矛盾的疑問是，在當下究竟該用什麼樣的心態？該踏著多快的步伐朝著目標而去呢？

於是有人把它歸類為「登峰者」與「登陸者」這兩種。登峰者顧名思義就像攀登山峰的勇士一樣，山越高嶺越險就更會激起想要征服它們的鬥志，一旦登上了峰頂後馬上朝下一座前去，意志昂揚的毫不停歇。而登陸者則意味著像是發現新大陸般的探險心態，登上岸後就朝著既定的方向前去，走著看著體驗著，但他們要的不是一天趕了多少路，而是著重在享受著足跡下每一刻的新奇與美好。所以兩者的不同就在於前行的速度與視野，登峰者的信念來自於目標本身，而登陸者則會放慢腳步的體悟著前往未知裡所遭遇的一切。

也許，**在很年輕的時候該有登峰者的精神來活化生命的動力，但隨著年齡漸長，在很多關鍵時刻的決定與行動的方式上，就必須轉而學習登陸者的睿智，懂得珍惜每個當下的品質就是對未來負責的生命信念。**因為，如果為了未來而嚴重透支了當下，那麼就算最後如願的成功奪標，但在過程裡犧牲掉的人、事、物到最後是會回不去的，像是健康、親情或是某個關鍵時刻裡沁入心底的真實感動！

多替未來投資絕對沒有錯，但在實踐的優先順序上，現在絕對應該排在未知的前面，您同意嗎？

處得緩慢：

所以吃便當時該先把愛吃的菜吃完還是把它留到最後再吃呢？我想可以試試先把每一種菜都嚐一口，然後再配一口飯的細細咀嚼，說不定原本不喜歡吃的菜也變得美味了起來！

當然人生不會像吃便當那樣簡單，不過每餐多留一點時間給自己，這樣也許能夠品嚐出很多意想不到的味道！

5. 慢慢吃，才能吃出人間美味！

食物本身的美味固然是重點，但是用餐環境的氛圍卻更加重要。唯有慢慢的吃、細嚼慢嚥，才能夠吃出食物裡所蘊含的深層味道，並在咀嚼的過程中悟出「慢」所帶來的美好感受。

延續〈滿漢大餐與清粥小菜〉的篇章，我又來談吃的問題了。沒辦法，景氣不好很多事就省下來，但唯獨吃是不能省的！

台灣真的是美食天堂，隨便打開電視、翻翻美食雜誌，或是低頭上網瀏覽都能看到在介紹哪邊有好吃的小吃或餐廳，而且上至高檔的五星級餐廳，下到廟口夜市的平民料理，似乎四處都充滿著美食的誘惑。

但一連串像是塑化劑、毒澱粉事件爆發後，卻已經讓我們美食王國的美譽蒙上了一層陰影，更重重的打擊了對精緻食物的信任與信心！於是也藉這個機會讓我們必須從新思索美食的定義到底是什麼？過去著重在好Q、好彈牙、好看、賣相好的背後其實都隱藏著一些損害健康的無形陷阱！

而且，人性裡隱含著盲從的特性，很容易聽別人說那個好有名、有被報導過、專家都說「讚」、要排隊才吃的到等等的就一窩蜂的去搶鮮，所以很多時候並不是在品嚐食物本身，而是在吃名氣、吃熱鬧……

另一個在台灣非常有趣的飲食文化就是滿街林立的吃到飽餐廳！記得小時候第一次去吃吃到飽是在可利亞火鍋店，當時石頭火鍋只要一百五十元，火烤兩吃則是一九九元。一直到現在我都還記得那種一整個晚上，在餐廳裡舉目所及的食物都可以無限量的吃下肚，那種難以言喻的滿足與興奮的感覺！

回想起來學生時代真的很喜歡去吃吃到飽的餐廳，大概是那時候年輕，代謝快腸胃也比較耐，所以總是喜歡把自己吃到撐到不能再吃為止！但隨著年齡漸長，慢慢發現到了吃到飽餐廳會有一種力不從心的感嘆，因為一餐下來其實吃不了太多的東西，大部分的食物也都是看看而已，如果全部吃下去大概會得腸胃炎且需要休養好幾天吧！

尤其在很多節慶，像是母親節、中秋節、耶誕夜或是跨年夜，很多餐廳因為來客數太多，所以限時只能吃九十或是一百二十分鐘，時間一到就會立刻柔性勸導請你識相的離開。就有一次我跟一位久未謀面的老朋友碰面，我們選在一家知名的吃到飽燒肉店聚餐。原本想說這麼多年不見，可以輕鬆的吃、慢慢的聊，結果沒想到一坐定後服務生立刻前來宣布用餐時間只有九十分鐘的消息，原本有好多話想說的我們馬上趕著去拿取食材，然後快快把食物放到烤盤上烤，又因為我們真的都對烤肉不是那麼有經驗，所以隨時都在注意翻面、上佐料、塗奶油、加水等等的事情，可以說是忙得手忙腳亂，而且時時留意著時間，深怕一不注意就到了規定的時間，就像在打仗一樣。

結果九十分鐘的用餐時間裡，就在忙著烤、忙著拿材料、忙著吃的當中渡過，彼此間根本就沒講到幾句話，後來只好到速食店再續攤了！

所以現在的我會覺得，食物本身的美味固然是重點，但是用餐環境的氛圍卻更加重要。跟誰吃、能不能夠慢慢的吃、在哪邊吃反而才是決定好不好吃的關鍵。

多年前參加玉山攻頂的活動，在趕了一天的路程後終於到了排雲山莊，那時候已經接近傍晚時分了，每個人都飢腸轆轆的，於是大夥兒就只是把揹上來的食材簡單的煮了個什錦湯麵，彼此圍著營火、望著完全沒有光害的天空，然後就慢慢的吃著碗裡的麵。雖然不是什麼五星級主廚烹煮的料理、也沒有美食評論家的推薦，但卻感覺到是無比的美味！

因此，再好吃的美食，如果狼吞虎嚥的話那就難以品嚐出箇中滋味，只有細嚼慢嚥，才能夠吃出食物裡所蘊含的深層味道，並在咀嚼的過程中悟出「慢」所帶來的美好感受。

處得緩慢：

慢慢的吃對身體比較好是有醫學根據的，因為吃的東西經過多次咀嚼，進入消化系統後，比較容易消化，不會造成胃腸的負擔。而且我們的大腦在東西吃下肚後，到可以感受到飽足感是需要一段時間的。所以如果吃太快的話，腦部根本還來不及接收到訊息，但我們卻還是繼續囫圇吞棗的話，不但傷害健康，更容易導致肥胖！

所以現在再跟老朋友到吃到飽餐廳用餐，我們都很有默契的遵守慢慢吃的原則，否則一開始就貪快的猛吃，其實大概四十分鐘就吃不下了，而且腸胃會非常難受。如果一點一點的慢慢品嚐，才能夠真正享受到吃所帶來的悠閒愜意，而不是只有吃飽而已，您說是嗎？

6. 時間的富翁

似乎只有在不求快的緩慢裡，才比較可能細膩的親近著大地，並讓有層次的感受沁入心底！讓自己停下來好好的看看這座城市，拿出時間來靜靜的呼吸，這樣的話才能夠讓緊繃的心靈，在佇足停留的時間裡達到最暢然的放鬆！

什麼是快？而什麼又叫做慢？衡量的標準是什麼？我在先前的作品裡已提到，能夠在自己手裡掌控快慢的才能叫作速度。因為若單純以時速來論的話，汽車其實算是「不快」的交通工具，跟飛機比實在差太遠了，跟火車比穩定性又不足，像高速公路限速一百公里，但是高速鐵路可以跑到三百公里，一差差了二百公里之多！

可是，高鐵再快，卻不是自己掌控，我們永遠只能是乘客；飛機升空高飛遨遊天際，我們卻感覺不過是被關在一個飛起來的鐵籠裡；而捷運雖然可以從不動如山的車海裡飛天盾地的呼嘯而過，但被擠在像沙丁魚的車廂裡，我們心裡想的是只要快快到達目的地就好，只有汽車能夠由我們自由的控制它的快慢與方向。

此外還提到了一個民航機的機長，他工作之餘最大的娛樂竟是玩重型機車！他說飛機的航線是固定的，只能依照航道的規定來駕駛，不可能隨心所欲的走不一樣的路線。而且速度一旦離開了地面就感受不出來了，唯有催著油門握著龍頭時，輪胎與地面觸動產生的速度才能感受出令人醉心的飆速快感。

如果問大家台北到高雄要選擇使用什麼交通工具呢？我想大部分的人會選高鐵，因為它最快最省時只要九十分鐘就能到，如果是自強號或是國道客運的話，至少都要花上四個小時以上的時間。

只是不知道你有沒有曾經也有像我這樣的心情，那就是在並不是那麼需要匆忙的情況下，選擇了不是最快的交通工具。有一次到南台灣旅遊，出發時為了省時選擇搭高鐵，到了回程的時候心想也沒有那麼急，其實不差那兩三個小時，倒是我的旅伴們希望能快快返回台北，於是他們就依原計畫搭高鐵北返，而我則是買了張莒光號車票想要慢慢的晃回去。

相較於高鐵的飛奔呼嘯，莒光號就變得緩慢了許多，沿途從人口密集的都市漸漸的變成了寬廣無際的農田，**越過河流、穿越平原、經過了一個個的平交道，可以**

比較貼近的看到鄉間小鎮的生活風情，雖然很多小站並沒有停留，但卻能夠毫不含糊的感受到每個小站的真實存在。

而在這相對慢了一倍的旅程裡，比較像是我的旅行收心操，緩緩的、慢慢的把出離的那顆心靜靜地帶回台北。

雖然說出遊要有規劃才會比較有旅遊品質，不過在台灣我覺得另一種玩法就是開著車隨意的行旅，不必計畫太多，有個大概的方向就可以，然後就沿著公路遊過鄉間小鎮，時常會有意想不到的感觸。而且通常我會捨高速公路而走省道，因為一旦上了高速公路後，雖然時空被速度收斂了起來，但也會因此錯過很多靜謐的淳樸空間！

像國道六號開通後，台中到埔里縮短到半小時路程，記得以前要到日月潭、九族、廬山、清靜、合歡山等地方遊覽的話，只能走台十四線，沿途經過彰化、芬園、草屯、國姓等鄉鎮，時而路過時而停留，上廁所、加油、吃飯、伸伸懶腰透個氣，或到街上隨意小逛一下，也因此在人生的不同階段裡留下許多的回憶，而且似乎只有在不求快的緩慢裡，才比較可能細膩的親近大地，並讓有層次的感受沁入心底！

曾看過一位自助旅行經驗豐富的作者發文提到，搶著去看不去會後悔的朝聖景點無可厚非，但是一定要做好可能會大失所望的心理準備，時常最後只是照了一堆旅遊書或網路上都有的照片。

他以遊覽法國巴黎為例，當然不能免俗的要到艾菲爾鐵塔照照相，但是如果可以的話，應該盡量的留點時間在大街小巷裡靜靜的散步一兩個小時，接著再找家可以坐下來喝杯飲料的店，讓自己停下來好好的看看這座城市，拿出時間來靜靜的呼吸，這樣的話才能夠讓緊繃的心靈，在佇足停留的時間裡達到最暢然的放鬆……

處得緩慢：

有段打趣的順口溜：上車睡覺、下車尿尿、參觀看廟、拍照炫耀、進店買藥、真假都要。談的是某些匆促沒有品質的旅遊行程，也許跑的地方很廣、照的照片很多，但卻是越遊越虛、越玩越累！

所以我漸漸覺得，旅遊要有品質的關鍵其實就在緩慢，因為平常生活的壓力把我們壓榨成時間的乞丐，每天被它追著屁股跑的喘不過氣，也正因為如此，才需要度假旅遊來放鬆自己。可以的話應該盡量的讓旅程緩慢下來，好好體悟在時間上成為富翁的悠閒情趣，也許我們就會發現，這樣的享受才是人生中最值得珍藏的真實財富！

PART6 悟到靜謐

溫柔的聆聽

拚命地搶著說話的時候，
內心一定是急躁浮動的，
很容易的就把自己的缺點曝露出來。
而聆聽的本身就是一份尊重、一種信任，
而這個過程能夠琢磨我們急躁好辯的那一面，
會是個很有意義的生命修練！

1. 什麼都別管，就寫下來吧！

這不是考試、沒有老師打分數、更不是要寫給誰看，甚至寫完就撕掉都沒關係，但必須很真實的把心底不管多負面、多傻、多怪，或是憤怒、無奈、沮喪等等的情緒坦承的寫出來就對了，就算只是重複的幾個字，甚至是粗話都無仿。

問問自己，有多久沒有拿起筆在紙上一個字一個字的寫出一段文字了！因為電腦的普及與使用，書寫似乎漸漸的被鍵盤給取代了。

大概是在十多年前吧？ICQ、MSN這類的即時通軟體開始的廣為流行，很多幾百年沒連絡的朋友竟然在MSN裡藉著片段片段的文字就這麼的交流了起來。只不過科技的汰換輪替總是快得驚人，現在幾乎大同小異的LINE把過去MSN的那套方式整個的搬上手機，就這麼的大家繼續的透過觸控螢幕書寫著交流著！

我一直覺得這是個很有趣的過程，在一百多年前電話曾經是一個超級了不起的發明，因為只要把一個盒子接上電線，就可以與遠方的人說話，聽到對方的聲音，感受到彼此的氣息，這真的是太神奇了。

但誰也沒想到電話會發展到現在這個情形，似乎真的拿來講話的機會變得越來越少，反正透過ＬＩＮＥ來互相傳遞訊息完全不花一毛錢，而且只不過是片段的幾個字而已，所以寫錯別字、沒頭沒尾的無厘頭也無所謂，再加上一些生動逗趣的表情符號，感覺起來好像又比直接講話要有趣的多，這還真的是個很矛盾的現象吧！

記得小時候國文課的老師都說，作文要好一定要養成每天寫日記的習慣，所以那時候我也因此持續的寫了好多年，也的確從每天寫日記裡獲得了很多靜心思考的機會。一直到現在，我都還持續著每天書寫的習慣，只不過現在所寫的大概稱不上是日記吧！只能算是隨筆而已，沒有一定要寫的文情並茂或是詞句優美，就是拿起筆來在筆記本上隨性的把一些心情、感觸寫下來，不必前後連貫而且字跡潦草的不加修飾反而感覺更好。

時常聽到有人會問，我的心靜不下來怎麼辦？有什麼方法可以讓煩躁的心快快靜來呢？也許方法因人而異，但我覺得書寫是最容易也最簡單的方式！

可能有人會說，我的文筆不好，寫字對我來說是很痛苦的事，做這麼痛苦的事怎麼會靜得下來呢？其實，就抱著就像我前面提到的寫隨筆的方式的話就不會有任何的壓力了！因為這不是考試、沒有老師打分數、更不是要寫給誰看，甚至寫完就拿去當資源回收都沒關係，但必須很真實的把心底不管多負面、多傻、多怪，或是憤怒、難過、無奈、沮喪等等的情緒坦承的寫出來就對了，就算只是重複的幾個字，甚至是粗話都無妨。

聊一個美國前總統林肯的故事，某天陸軍部長氣沖沖的衝到林肯辦公室抱怨，有一個少將以下犯上的在言語上羞辱他，真是讓他快要氣炸了。林肯聽完後就順著陸軍部長的怒氣建議他寫一封尖酸刻薄的信回敬回去。

於是陸軍部長立刻動筆把心底的憤怒全部寫出來，寫完後林肯拍手叫好說：「沒錯，就是這樣，終於好好的教訓了他一頓！」

但當部長準備把信裝到信封袋寄出去的時候，林肯把叫住他：「你要做什麼？」部長回答：「當然是寄出去啊！」

林肯反問：「寫完這封信把怒氣發洩後是不是覺得心情好多了？」

陸軍部長點點頭，於是林肯說：「那好，現在就把剛才那封信撕掉，開始動筆寫第二封信，這封信才是你寫好後真的要寄出去的！」

我想這個故事所談的正是書寫帶給我們釋放壓力的漸進過程。因為必須先把情緒不加掩飾的寫下來，而就在寫的過程中可以讓我們能夠很誠實的進入自己的心靈深處，並藉此將它宣洩出來，然後才能夠跨越它並整理出最好的頭緒來將問題解決！

悟到靜謐：

就是動筆寫就對了！而且絕對不是要寫給誰看是個很重要的概念，就像各大廟宇大多有提供經書的抄寫對照本，也許不見得完全了解經文裡的意思，但抄寫的過程就能夠達到一定程度的平靜。

建議最好還是用最傳統的紙跟筆來寫，因為情緒在紙筆之間才比較能夠躍然紙上的表現出來。不仿可以仔細的做個觀察，當我們在快樂、沮喪或是難過等不同心情時所寫在紙上的字跡與力道絕對會是不同的，如果是使用鍵盤或是觸控螢幕的話其實已經是間接的隔了一層，這樣會讓情緒無法全然的發洩出來！

而當情緒釋放之後，再次的提筆書寫的時候，那就是一個靜下心來的理性過程，有了這樣的層次進階，再茫亂的心一定能夠循序漸進的平靜下來！

試著每天寫一頁隨筆看看，我想一定可以帶來出乎意料的效果喔！

2. 爲什麼大人那麼喜歡拜拜啊？

其實百分之九十九的祈求並沒有立即的心想事成，但卻在傾訴的過程裡把當下無解的煩憂給全盤的拋了出來，並在多年後再回首時讓我深深的理解了，蜿蜒與崎嶇所賜與的勇氣與能量。

農曆年前與老姐還有五歲大的外甥一起到廟裡替家人安個太歲、點光明燈。五歲這個年紀的孩子最喜歡問為什麼了，大人時常會被問到招架不住，果然一到廟裡他就開口問：「舅舅，為什麼大人老是要來拜拜呢？拜拜到底有什麼用處呢？」

我想了一下趕快回答：「這樣你才會平安長大，變成像爸爸媽媽這樣厲害的大人啊！」

「怎麼大人的答案都一樣，所以沒有來拜拜就沒辦法平安長大、不會變厲害了嗎？」孩子嘟著嘴。

「也不是啦，意思是說……」

我有點語塞，結果孩子馬上接著問：「對嘛！不是吧？我也覺得不可能，那到底為什麼要拜拜啦！待會兒光明燈借我提一下啦！是不是像燈籠那樣啊？」

果然孩子的疑問沒有那麼容易回答，而且老姐跟我說，他每次都會問同樣的問題，更小的時候只要一聽到要去廟裡就會哭個不停，大了點後都還要半哄半騙的，因為他不大喜歡廟裡人擠人的感覺，也不喜歡香的味道，大概孩子覺得聞起來很嗆吧！

聽完後我回到記憶裡去搜尋了一番，好像我小時候也不怎麼喜歡拜拜，總覺得廟裡好暗好擠，而且很怕被香燙到，拿起香後也不知道要跟神明說些什麼。還有一次因為貪玩而跌到家裡附近的小水塘，其實水塘很淺我馬上就爬了出來，只是因為這樣而感冒了好幾天。但是阿嬤覺得我大概是受到了驚嚇，於是就帶我到水塘邊，然後點著香在我身旁念念有詞的，那時候不懂阿嬤為什麼要這麼做，只記得她說這樣就會把受驚嚇的氣給收起來，神明就會保佑我可以健康平安好大漢。

的確小時候對什麼是神明、拜拜、收驚這類的事似懂非懂，而且我在小學、國中的時期裡還是個百分百的科學崇拜者，希望長大後能成為偉大的科學家，而且很疑惑為什麼科技日新月異，大人們還要那麼迷信的去廟裡拜拜，應該集中全力在科學研究上，怎麼會把精力浪費在沒有效率的宗教上？

現在回想起來，畢竟當時年紀小，只能用天真幼稚來形容，等到後來面臨真實的人生挑戰，像聯考、當兵、求職、戀愛的種種關卡時才發現，**原來這些考驗除了自己的努力之外，似乎還有著另一種無法意會的力量在牽引著，而原本我自以為的偉大科學對這些事似乎是完全無能為力的！**

尤其是當落榜、失戀、失業等低潮向我襲來的時候，很多心裡的話一時之間不知道要對誰說，而且就算再親近的人都會有著想說卻說不出口的無奈，那麼就去跟祂說吧！所以每當這個時候，我會選擇在離峰人潮較少的時段到熟悉的廟宇去，雙手合十的對著神明娓娓的訴說著。

我很清楚不可能在一次的祈求裡，就希望上蒼應允解決所有的煩憂，讓我突然的變成第一志願的高材生、得到一份高薪權重的工作、挽回分手的戀人，而是在傾訴的過程裡把當下無解的煩憂給全盤的丟了出來，然後在相對平靜的心情下來尋求可能前進的方向。

所以如果要解答孩子的疑問：拜拜真的有用嗎？我必須很誠實的說，只有很少數的情形是幸運的馬上得到了回應，而大部分的事並沒有立即的心想事成，但卻在多年後再回首時讓我有了峰迴路轉的深刻體悟，漸漸的理解了蜿蜒與崎嶇所賜與我的勇氣與能量。

悟到靜謐：

在〈雙手合十，最好〉的篇章裡有提到，祈求僥倖並不能稱為信仰，因為那只是一種膚淺的賄賂與交換，而信仰則是意味著我們願意誠實面對自己、願意相信，然後勇敢的說出苦惱，並在挫折與孤單中意會到一種無形卻深刻的陪伴！

在勵志哲學中時常看到順應生命之流的說法，也就是隨遇而安的把自己的心化成像是一滴水那樣，順著潮流而下，不管流到哪裡，自己都能夠柔軟微笑的接受。只是這談何容易呢？我想前提是必須在信仰的協助下才有可能支撐著這樣的豁達吧！

而且如果用最寬廣的視野來看，不管祂是基督、天主、觀世音、釋迦摩尼、關聖帝君、阿拉、上蒼、老天爺……都沒有關係，重要的是我們願意在祈禱中相信自己，那麼這份平安與喜樂就能真真實實的與我們同在！

3. 寧靜的療癒

城市裡太多的噪音讓我們很容易變得暴怒，如果可以的話，就朝山裡去吧！原來，大自然裡的美妙聲音不必費心的填詞譜曲，更不需任何的樂器就能擁有一種無聲勝有聲的寧靜，可以讓我們消除焦慮，並敞開心靈的去感受美妙旋律所帶來的美好！

聲音真的是個很奧妙的東西，看不到、摸不到、沒有形體。但是好聽的聲音讓人心情愉快，討厭的聲音卻可能隨時讓人抓狂！

英國曾經做過一份調查，從二千個人當中票選出最喜歡與最討厭的聲音。榮登悅耳聲音第一名的是海浪拍打岸邊礁石的聲音；再來則是雨水撒在窗邊，滴滴答答的聲音；第三名是踩在雪地上特殊的腳步聲。而感染力十足，能讓周圍所有人心情跟著變好的大笑聲也名列在前十名當中。

至於最難聽聲音的第一名則是指甲劃過黑板聽了會起雞皮疙瘩的恐怖聲音；第二名是嘔吐聲；第三名則是急躁的汽車喇叭聲；至於尖叫聲與吐痰咳嗽聲也都名列在前十名當中。

不過聲音的悅耳與否就跟美醜一樣，都是主觀的好惡，沒有絕對的標準可言，就像音樂的種類非常的多，流行、搖滾、爵士、輕音樂、交響樂，每個人喜歡的聲音都不同，很難說那一種是好還是壞。

但不可否認的，聲音的確能夠左右著我們的情緒！就連嬰兒或是小孩，都會不由自主的跟輕快的旋律扭腰擺臀的，也會被突如其來的聲響嚇的嚎啕大哭！

我曾經在剪接室裡看剪接師剪片子，那是有關於靈異目擊事件的紀錄片，當剪接師剪到一個段落後我狐疑的問：「怎麼內容看起來這麼平淡，一點也沒有恐怖的感覺。」

「那是還沒配上聲音，等聲音放上去後你就知道了！」剪接師答。

果然最後加上聲音後整個感覺完全的不一樣了，原本在無聲的狀態下看似平淡無奇的畫面，竟然被懸疑、未知、尖叫、懼怕、驚恐、詭譎的音符給整個的顛覆過來。剪接師還跟我打了個有趣的比方，他說如果一部恐怖片的驚悚橋段配上的是像第六感生死戀那種浪漫愛情的音樂，那還真的就會不怎麼恐怖了。同樣的如果是一部優閒典雅的鄉村電影，惡搞的把它配上英雄動作片的音樂，那可能就很難優雅的起來。我那時候才領悟到聲音原來有這麼神奇的力量！

不過無可奈何的，城市裡被太多人為的噪音給淹沒了，所以我們很容易變得暴怒，像汽車的喇叭聲絕對是個最具象徵的禍首。我想很多人一定同意，有時候突然被叭、叭、叭的刺耳聲嚇了一跳，等回過神來後可以明顯的感覺自己的情緒是從驚嚇轉成了憤怒，就算很有修養的人也需要幾秒鐘的時間把情緒給壓抑下來！所以我就曾經就有個狂想，如果車商可以把難聽的喇叭聲換成卡通音樂的話，也許很多爭吵或是互毆的憾事可以減少許多！

不知道您是否也曾經有像我這樣的心情，覺得好紛擾、好煩躁，就是想趕快暫時的逃離人聲雜沓的水泥叢林，回歸大自然的懷抱，於是就不由自主的朝著都心的反向前去！一會兒建築物就沒有那麼密集了，隨著公路的緩緩爬升，原本喧囂、轟隆隆的氛圍漸漸遠離，然後車子的空調也變得多餘，搖下車窗就能感受到涼爽的微風與新鮮的空氣，漸漸的音響播放的音樂似乎也像是一種干擾，很自然的就想把它關掉，以免破壞了這好不容易得來的靜謐。

停好車後揹著簡單的行囊，緩緩的朝山裡行去！一路上聽到蟬鳴、鳥叫，配合著風聲與潺潺流水聲，這才領悟出大自然裡的美妙聲音原來不必填詞譜曲，更不需任何的樂器就能擁有一種無聲勝有聲的寧靜，能夠讓我們消除焦慮、敞開心靈的去感受美妙旋律所帶來的美好心情！

悟到靜謐：

有不少研究都指出，音樂的確有活化細胞、安定神經的功能。甚至有些畜產業還會放音樂給牛或雞聽，據說能提高牛乳產量與雞蛋品質。賣場為了刺激購物播些快節奏的曲子，高級餐廳則放些輕音樂來讓顧客感受到輕盈放鬆的感覺，就算只是隨口的哼哼唱唱，都可以暫時的讓緊繃的心情得到紓解。

此外，有些用心的音樂工作者還發展出所謂的自然音樂（Ambient Music），透過實際環境音的取樣，再結合音樂而創作出的優美曲風，有如在鳥叫蟲鳴、山風水潺中演奏，甚至能夠模擬大自然中的聲音，可以讓聽者有彷佛置身其中的親臨感受！

也許，很多時候我們身不由己的沒有辦法從擁擠、吵雜、鬱悶的空間裡抽離，那就聽聽音樂吧！想必一定能夠得到最寧靜的療癒！

4. 聽別人怎麼說

拚命的搶著說話的時候，內心一定是急躁浮動的，很容易的就把自己的缺點曝露出來。而聆聽的本身就是一份尊重、一種信任，而這個過程能夠琢磨我們急躁好辯的那一面，會是個很有意義的生命修練！

記得學生時期的時候，很多老師會要同學分組做報告，然後推派代表上台發表成果，因為在很多人面前說話是個很好的膽量訓練，而且就算只是看著稿子唸，抑揚頓挫的技巧還是會影響到台下的人，是不是能夠把你說的給聽進去，所以當時就有意識到怎麼說話是件很重要的事！

進入職場後也的確印證了把話說好是個很重要的武器，因為除了第一眼看上去的主觀印象之外，能夠在短時間內認識一個人的方法就是聽他說了些什麼？只不過，隨著認識的時間拉長後就會發現，該怎麼聽別人說話似乎又是另一個更高層次的人生智慧。

也許有人會問，聽別人說？只要有耳朵不就能聽了嗎？哪還需要什麼智慧？

曾經在市調公司執行過客戶滿意度的訪問，一般這類的問卷多是以量化的評比方式請受訪者給分，但如果遇到對整個服務或是產品極度不滿的顧客，很自然的就會吐露出非常多的怨言，所以訪問者就必須認真傾聽，並把抱怨的內容做翔實的紀錄。舉例來說，某位顧客對某家餐廳的服務員的態度非常不滿，但當訪問的題目是問到菜色是否好吃？用餐環境是否舒適？餐具是否清潔？洗手間是否乾淨等，非關服務人員態度好壞的題目時，受訪者的回答通常會停留在不悅的那件事情反覆陳述，甚至會牽連到其他項目的評比分數，所以必須很有技巧的把離題的情緒引導回來。

當然，消費者有絕對的權利表達不滿，但如果宏觀的把這個過程放到一般的人際相處裡，細心觀察超過三個人的說話場合，會發現我們通常都只想說自己想說的，根本不想聽別人問了些什麼、說了什麼，甚至口沫橫飛拚命地打斷別人，說著說著好像已經抓不住自己似的難以停歇，於是很多其實可以避免的衝突與摩擦就由此而生了。

我有什麼說什麼，才不會在那邊拐彎抹角！
我就是心直口快，刀子口豆腐心！
我一條腸子通到底！

但是，沒有經過思索就說出口的話，傷到人就是傷到了，就算再怎麼正大光明，不斷的去強調自己沒有心機，但結果是於事無補的，更印證了古諺所說的「言多必失」、「禍從口出」的道理。因為當我們只顧著拚命說的時候，心一定是浮躁的，但如果是要傾聽別人說些什麼的時候，那麼心頭就非要靜下來不可。而且當我們可以靜下來聽別人說什麼的時候，接著再來開口說話就比較不會因為沒有經過思考就脫口而出的傷到別人了！

一個擔任志工的朋友就說，到安養院去陪長輩說話是個很大的挑戰，因為一般來說長輩會有很多心情想要吐露，雖然可能已經說過很多次了，但一定要耐心的聆聽，讓長輩感受到被尊重、被了解，並試著讓自己能夠進入到長輩的情境時空裡，然後適時的丟出一些問題，不需要搶著說什麼或是提出什麼看法見解，就是靜靜的聽就好。

後來他說，因為這樣的經歷讓他有機會去學會該怎麼三思而後言，更在學習傾聽的過程中琢磨了自己的心智，沉澱了原本急躁好辯的那個部分。

於是我自省的想到，好像很久沒有陪家中的長輩好好的說說話了，也許就是把心靜下來的聽他們說就好，我想這會是很有意義的生命修練！

悟到靜謐：

據說遠方有一個得道的沉默大師能夠替迷途的人們指點迷津，於是很多人千里迢迢的前往希望能求取智慧。

有三個人結伴前行，見到了大師後，其中一位先問：「大師，該怎麼除去心中的煩惱呢？」

大師閉上眼睛的保持沉默，沒有做任何的回答。

另一人又問：「該怎麼追尋快樂呢？」

大師抬頭看向窗外然後再收回眼光看看地上，依舊不發一語。

第三個人續問：「什麼是幸福呢？」

大師雙手一攤，擺出了莫可奈何的樣子。

果然沉默大師一句話都沒說，但三個人卻興高采烈的離開了，他們互相交換心得說：「真的不愧是大師，他閉上眼睛是說快樂不必刻意追尋，其實就在我們心中；看向窗外是提醒我們不要侷限自己的眼光，心胸開闊了煩惱就自然消失了；攤開雙手是要我們放下一切，只要放下了就會幸福。」

其實沉默大師並不是什麼得道的高人，他心想剛才差點被問倒了，還好一直沉默到底才讓他們識趣的走掉了。

這個詼諧有趣的寓言給了我們「沉默是金」的啟示，尤其在人多口雜的職場上，除非輪到該自己發言的時候再簡單扼要的開口，其餘的時間還是靜靜的聽別人怎麼說，其實這才是上上之策。

5. 我的地球一小時

因為電力所帶來的速度，讓我們逐漸的忘記了還給諸多人事物原本面目的能力，但卻在它所支撐起來的虛擬中游移茫然而難以自拔。

你能夠想像嗎？如果台電事先宣布某一天要全國大停電，不多不少，就是二十四個小時，那我們該怎麼度過那一天呢？

首先，沒有電當然桌上型電腦就無法使用、電視也不能看、電梯也無法運作、紅綠燈無法指示……大概原本的活動有百分之七十都會停擺下來了，所以一定是停止上班上課的。

但是，沒有電不用上班上課又能做什麼呢？百貨公司不能逛、電影院沒辦法放映、室內的高級餐廳沒辦法營業、燈紅酒綠的夜生活無法繼續……

光光只是想像就已經夠可怕的，雖然只是一天而已！

好吧！一天太長了，縮短到二十四分之一就好，只要一個小時沒電的話，又該怎麼去度過這一小時呢？

這就不是想像而是真的發生過！從二〇〇七年開始，今年已經是第六個年頭了，最早是在澳洲的雪梨。這個稱作「地球一小時 Earth Hour」是一個全球性節能活動，提倡於每年三月的最後一個星期六當地時間晚上十點三十分，家庭及商界用戶關上不必要的電燈及耗電產品一小時。希望藉此活動推動電源管理，喚起人們以實際行動來達到節能　炭的目的！

到了二〇一三年，全球知名地標像是紐約帝國大廈、巴黎艾菲爾鐵塔、莫斯科克里姆林宮、日本的東京塔、我們的台北一〇一與總統府也紛紛共襄盛舉。

當然對於這個活動也有人認為不過是形式主義，因為關燈一小時不會節約多少電，熄燈後很多人點蠟燭反而污染更大，而且在活動的前中後期，全球媒體和個人都千方百計消耗大量資源來宣傳「地球一小時」活動，其所排放的碳，已經遠遠大於關燈一小時所能節約的碳，作秀成分多於實際意義！

我曾經因為工作的關係連續幾個禮拜沒有休息過，身體與心靈都疲憊不堪，每天被時間追著跑到完全沒有時間喘息，於是那個時候我就曾經幻想，如果可以停電個二十四小時那該有多好，那麼所有奔忙的腳步可以暫時停歇，然後好好的讓自己靜下來的休息一下！

當然這只不過是當時對疲憊生活而衍伸出來的童話式狂想，因為如果真的發生的話恐怕會是不小的災難還是不要的好。直到我從媒體上得知有地球一小時 Earth Hour 的活動後，心中第一個直覺想到的並不是省了多少電　了多少碳，而是這一小時所帶來的平靜與緩慢！

無庸置疑的，電力真的是人類文明的根本，給了我們時時刻刻的方便與感官上的刺激，更帶來了速度與一切進步的動力！但也因為如此，我們逐漸的忘記了還給諸多人事物原本面目的能力，然後卻在一切以電所支撐起來的虛擬中游移茫然而難以自拔。

也許，地球一小時 Earth Hour 的活動真的是象徵性的意義大於實質的意義，的確一年裡只省這一小時的電效用不會太大，但它所帶給我們意識上的超越卻是非常寶貴的。

能不能這樣試試看，就在我們的生活行事曆裡，一個月中排個一到兩次的時間，讓自己能有每次一小時的時間從電力所建構的世界中解脫出來……

那麼，這暫時的脫離要做些什麼呢？如果是家庭的話，是不是可以讓一家人在沒有電視、電腦、手機的干擾下，關上電燈就只點一盞蠟燭的一起吃頓飯。很可能平常是吃飯配著腥煽色的新聞，或是各自低頭上網著，**而在這離電的一小時裡，平常戴上的笨重盔甲與面具所造成的疏離可以輕易的卸除，情緒也就自然而然的放鬆了下來。**

所以不知不覺的就能夠把心底的真誠互相吐露，原本幾年都說不出口的話，似乎在黑暗裡變得容易的多，很多平常忽略掉的真情，竟然神奇的在與電隔離的空間裡清處了起來。

如果是單身的話那就更容易了，就是關上燈切掉所有的電器用品，然後靜靜的坐在沙發上或是躺在床上。沒有一定要做什麼或是說什麼，都不做應該更好，大概只要過個十分鐘後，就可以緩緩的在寂靜中感覺到真正的自己。**也許你望向窗外仍可以清晰的看見明亮的街燈，遠方的招牌霓虹燈依然閃爍，但自己會敏銳的感覺到所處的空間因為暗下來而變得緩慢，更因為緩慢而回歸了真實……**

悟到靜謐：

也許很多人看完後會有些遲疑，真的可以這麼做嗎？這樣會不會很奇怪呢？真的不會，而且一點也不難。

通常我在一個月中會選一次在週末的晚上，有時候從外面買份晚餐回到家中，或是自己簡單煮個麵食，然後關掉所有的電器設備，再來就是慢慢的享受著這一頓靜謐的晚餐！

通常週末晚上是最喧囂的，雖然已經把所有的電源都關掉，但還是能夠聽到外面人聲鼎沸與華燈初上的喧囂，不過正因為自己所處的空間是這麼的寧靜，所以很有一種遺世獨立的自在。常常會覺得怎麼這麼快就已經過了一個小時了，還有些欲罷不能的不想開燈，因為在這樣的緩慢裡得到的是打從心底的徹底放鬆，整個人因此神清氣爽了起來。

「我的地球一小時」就是這麼簡單而已，就只是把所有的on轉成off就可以達成，然後所有美好的心情就會自然而然的發生了！

6. 發楞的幸福

心靜，才能感受到大自然最美麗的一面；心淨，才能聆聽到大自然傳達的訊息；心鏡，才能夠映照出心田裡最真實的風景

我的心頭好亂，有什麼辦法可以讓我馬上靜下來呢？吵死了，就不能靜一靜嗎？都快煩死了！

生活在大都市裡的人們，因為工作、因為擁擠的環境、因為盤根錯雜的人際關係、因為太多窮奢極欲的誘惑……讓我們「動」的時刻、「煩」的時候鐵定是比「靜」的時候要多很多的。

那麼究竟該怎麼去除煩躁快速的靜下來呢？

我曾經一個人到貓空的茶餐廳用餐品茗，剛好當時另外一桌也有一位單獨前來的外國背包客，我們各佔了一個四人的桌子獨自的享受著餐點。另外一大桌大概是

八個人左右，看起來像是大學生，他們一邊玩著撲克牌，一邊眾生喧譁的聊著，其中幾個人看了看餐廳裡然後說：

「唉，竟然有人會一個人來這種地方。」

「對啊，還有兩桌唉！」

「孤伶伶的真可憐！」

「是人緣不好嗎？」

「人緣不好的是你好不好！」

「哪有，我朋友多得很，待會下山後還有一個活動要去飆歌唱通宵勒！」

「我要是一個人的話就待在家裡吃泡麵就好了，怎麼可能還大老遠的跑來這種地方！」

於是就聽到學生們七嘴八舌的討論著。我想學生們的談話其實並沒有惡意，而是最沒有掩飾的說出了人們對孤獨寂寞的恐懼與不安吧！

十七世紀法國作家拉布呂耶爾（Jean de La Bruyere）曾說：「人一切的不安與煩躁，都源自於不能安於獨處，所以會賭博、嗜酒、強烈的佔有慾、總是不停地找人閒聊、忌妒，於是便忘了自己的人生目標、隨波逐流……」

我覺得最能享受寧靜的空間之一，就是坐在國道客運的座位上，然後什麼也不做地就是發楞著看著窗外流逝的風景，或是暫時的閉上眼睛深呼吸，接著慢慢的把腦中的念頭一件件的放掉，這樣就能讓自己的心舒緩開來。當然客運業者為了讓乘客不無聊，從過去的一車兩到四台的閉路電視播放電影，到現在豪華的車種幾乎是每個座位都有一台獨立的液晶電視可供使用。但不管車上的設備如何豪華先進，一直以來我都選擇就是靜靜的坐著就好，因為那是一段可以完全不受干擾的靜謐旅程。

另一個能夠體悟到寧靜氛圍的就是一個人去搭貓空纜車！一般我會選在非假日的時候前去，因為人潮較少所以服務人員都會讓單獨的旅客一個人搭乘一個車廂。後來我也注意到一個人來搭的人還不少呢！

隨著纜車緩緩爬升，到了一定的高度後遠方的山與河逐漸明朗了起來，大地的脈動、山巒的呼吸就在我的四周圍繞。而一個人的車廂，就像是個移動上升的書房，就像在自己的房間裡那樣的自在，可以把一切委屈、誤解與壓力全都拋在腦後，頓時間覺得輕盈了起來。此時俯視遠方，整個台北盆地映入眼簾，和煦的陽光掛在觀音山旁漸漸地下沉，緩緩的、慢慢的，在不疾不徐的步調裡。

而那個我暫時逃開的囚籠，從遠處鳥瞰像是被抖不落的喧塵所籠罩著，但對比著此刻的我，也許是因為心靜，才能感受到大自然最美麗的一面；因為心淨，才能聆聽到大自然傳達的訊息；因為心鏡，才能夠映照出心田裡最真實的風景，於是我清楚的看見了自己，體悟到與靈魂同步的密合感受。

其實，能不能真正的靜下來就取決於一個人的時候我們會做些什麼？因為獨處是最貼近自己的時候，假如一個人的時候就非得趕快 call 朋友吃飯唱歌閒聊，或是看社群網站上的讚有幾個，那麼要靜下來就會非常困難。

學會獨處並不是要我們變得孤僻、封閉自己，與人群該有的互動，一些熱鬧喧囂的場合都應該去參加體驗，。並樂在其中，重要的是不能夠依賴這些活動來閃逃孤獨、逃避自己。

所以，試著讓一個人的時候就是一個人吧！然後徹底沉浸在自己的速度裡，這樣的話才能有層次的一步步靜下來！也就是說，**獨處是與自己建立親密的自我揭露歷程，此時不必去迎合任何的外在情境，而是進入心源感受他（她）的脈動，瀏覽著自己的內心風景。**

試著練習看看，曾經是兩個人或是一群人去做的事，這次自己一個人去體驗看看，到餐廳吃飯、看電影、看展覽、聽演講、騎單車、到郊外散步、遊山玩水等等，漸漸的你就會發現，原來一個人跟一堆人去體驗一件事，在心中產生的感觸會是如此的不同。

所以，當我們能夠全然的進入獨處，感受它、體驗它進而能夠享受它，那麼它所帶來的靜謐將會化成生命的能量，讓我們擁有意想不到的幸福與驚喜！

悟到靜謐：

不管是古今中外，或是現代的心理醫學理，「冥想」與「靜坐」一直是幫助人們靜下心來的方式。然而，究竟該怎麼「坐」？該怎麼「想」呢？簡單的說就是發揮想像力，讓自己彷彿置身於想像的場景中，並感受該景象所帶來的各種身心反應，並停止意識對外的一切活動，而達到「忘我之境」的一種心靈自律行為。

但這麼解釋還是有些抽象，於是我用「發楞」這個更入世的辭彙來描述這種狀態。我們常說一個人想事情想到發呆，但發楞跟發呆的本質是不一樣的，因為發楞的重點就是不要去想什麼，就像坐在客運或纜車裡望著窗外流逝的景緻就好，慢慢的就能夠產生一股讓自己沉澱的緩慢意識，楞著楞著反而能把心底的雜亂滌出，就像夏天滿身黏膩後去沖個澡般的那種清爽感受！

試著每天讓自己楞個十分鐘吧！於是我們就會發現，最寧靜且滿足的幸福就在其中！

7. 靜下來，才有力量！

世界上太多太多的事真的不是努力就可以達成，只要天時地利不站在我們這邊，就算用一百倍的吸引力法則也難以事成！但只要我們接受了，願意把慌亂的心平靜下來，那麼改變的力量就會從這一刻從新啓動。

不管是在神明面前祈求，或是逢年過節親戚朋友間的吉祥話，「心想事成」是一句永遠不會退流行的祝賀語，因為世界上多的是事與願違，心想能夠事成的事根本是屈指可數，我們所能做的只有竭盡所能的去努力而已。

於是正向思考裡最流行的就是「吸引力法則」，簡單的說就是要讓我們的思想成為事實，首先要先有想法、再來相信他、然後去做，讓意念的力量來幫助我們達到想要的目標。

但很多人會問，「吸引力法則」真的有用嗎？為什麼時常是反過來呢，偏偏是不希望發生的事情發生，想要的目的卻心想不事成，到底為什麼會這樣呢？

而另一句大家耳熟能詳的是「有心栽花花不開，無心插柳柳成蔭」這句話，但它的意境卻正好與吸引力法則完全相反。字面上的解釋是，有心去栽花，花卻始終不開放，無心去插柳，柳卻自然的長大成蔭。引申意思是比喻積極去做，想要達成的事情一直得不到好的結果，但是原本並沒有打算完成的事卻在無意間達成了！

所以，到底哪一個說法才是對的呢？

祈求上蒼賜與我平靜的心，
接受不可改變的事情；
給我勇氣，改變可以改變的事情，
並賜與我分辨此兩者的智慧！

這是美國神學家尼布爾博士（Dr. Reinhold Niebuhr）所寫的詩句，我覺得這首短短的詩能夠給深陷疑惑的我們一個平衡的方向。也就是在可以改變的事情上，我們必須擁有毅力充滿勇氣的運用「吸引力法則」去盡人事。但不可否認的，世界上太多太多的事真的不是努力就可以，就算有再縝密的規畫，付出再多的心力，只要天時地利不站在我們這邊，就算用一百倍的吸引力法則也難以事成！

如果真是這樣的話，我們就該用有心栽花花不開，無心插柳柳成蔭的豁達心態，順其自然而且平靜的接受不順己心的結果，因為唯有接受了，我們的心才能平靜下來，當心靜下來了，改變的力量就得以從新啟動。

不過尼布爾博士這段短詩最關鍵的就在於，賜與我分辨什麼是可以改變，什麼是不能改變的智慧！

《莊子．達生》中提到了有關訓練鬥雞的故事，後來衍生出「呆若木雞」這句成語。故事的由來是，齊王非常喜歡鬥雞，於是請了紀渻子來馴養這種戰鬥用雞，十天後齊王問：「鬥雞養的如何？可以上場了嗎？」紀渻子回答道：「還不行！牠看來還是很驕傲，很容易衝動，其實只是虛張聲勢而已。」

過了十天，齊王再問鬥雞可以上場比賽了嗎？紀渻子說：「還是不行！牠的氣勢還太旺盛，沉不住氣。」再過十天，齊王再問時，他終於說：「可以了！牠現在對於其他同伴的鳴叫毫無反應，沉穩的樣子看起來像是一隻木頭製的雞，已經具備了完善的戰鬥力。這樣的話，別的雞只要看到牠的樣子會以為牠高深莫測，一定會不敢應戰的轉身跑掉。」後來這隻雞果然百戰百勝，所向無敵！

「呆若木雞」淺層的意思是用來形容一個人愚笨或受驚嚇而發楞的樣子。但莊子其實是要用那隻看似木頭做的鬥雞來比喻人的學養高深，態度穩重，已經到了靜善不動心的境界。這是一種平靜的修練，捨棄了疾視而盛氣的驕氣，把自己推至到超脫勝敗的坦然境界！

這與所謂「不爭而善勝」的道理不謀而合，也就是要我們收斂起浮躁與妄動，靜靜地把力量凝聚起來，然後順其自然的在最適當的時機激發出來，這樣反而能夠有最好的表現。

悟到靜謐：

一顆種子從地底萌芽破土而出，螞蟻看到了十分驚訝地說：「嫩小的芽啊，沒想到你有這麼大的力氣，可以穿過堅硬的地面冒出頭來，真是太佩服你了！」

芽被恭維得有些不好意思的說：「力氣？我隨著風飄來這裡，落入土裡後就吸收養分與水分，然後順其自然靜靜地等待時候到了，就這樣而已，真的沒有花什麼力氣！」

也許順其自然是一種最偉大的力量，春夏秋冬、潮起潮落，這些我們看似再理所當然不過的現象，其實都蘊含了最深刻的啟示。關鍵在於我們必須願意靜下來用心的感受，那麼該接受宿命還是該盡力改變的智慧，就會自然的清晰起來！

國家圖書館出版品預行編目資料

現在就是天堂：人生的行李越簡單、越輕盈，是最大的幸福／葉威壯作. －－初版. －－
新北市：華志文化，2014. 03
面；　公分. －－（生活有機園；12）
ISBN　978-986-5936-70-9（平裝）

1.人生哲學 2.生活指導

191.9　　103001108

華志文化事業有限公司
系列／生活有機園 012
書名／現在就是天堂：人生的行李越簡單、越輕盈，是最大的幸福

作　　者　葉威壯
執行編輯　林雅婷
美術編輯　黃美惠
封面設計　葉若蒂
文字校對　陳麗鳳
企劃執行　康敏才
總 編 輯　黃志中
社　　長　楊凱翔
出 版 者　華志文化事業有限公司
電子信箱　huachihbook@yahoo.com.tw
地　　址　116 台北市文山區興隆路四段九十六巷三弄六號四樓
電　　話　02-22341779
排版印刷　辰皓國際出版製作有限公司

總經銷商　旭昇圖書有限公司
地　　址　235 新北市中和區中山路二段三五二號二樓
電　　話　02-22451480
傳　　真　02-22451479
郵政劃撥　戶名：旭昇圖書有限公司（帳號：12935041）
電子信箱　s1686688@ms31.hinet.net

出版日期　西元二〇一四年三月初版第一刷
售　　價　二三〇元

華志文化

華志文化

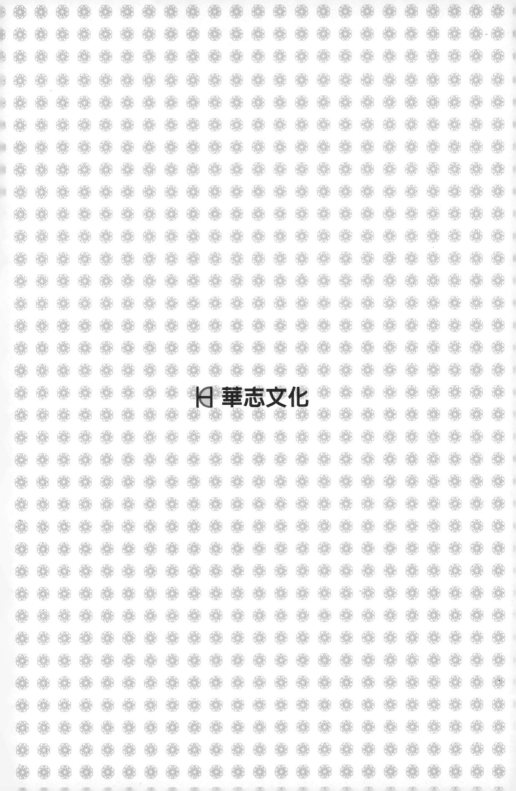